Primera edición original

ISBN: 978-3-98929-237-6

Aviso legal:
Book Shelter GmbH
Aufhäuserstraße 64
30457 Hannover
Germany

Contenido

1 Introducción 8

1.1 Bienvenida 9

1.1.1 Libro vivo 10

1.1.2 Alcance 10

1.2 Pre-requisitos 11

1.3 ¿Cómo evitar bloqueos? 12

2 Primeros pasos 14

2.1 Visión general 15

2.1.1 ¿Qué es y por qué debes aprenderlo? 15

2.1.2 ¿En dónde se utiliza? 15

2.1.3 ¿Qué trabajos puedes conseguir? 16

2.1.4 ¿Cuánto puedes ganar? 16

2.1.5 ¿Cuáles son las preguntas más comunes? 17

2.2 Historia, evolución, y versiones 18

2.3 Sistemas de Gestión de Bases de Datos 19

2.4 Características, ventajas, y diferencias 20

2.5 Diferencias entre SQL y NoSQL 21

2.6 Configuración 22

2.6.1 IDE 22

2.6.2 Entorno 22

2.7 Estructura 26

2.8 Consulta 28

2.9 Sintaxis 30

3 Fundamentos 32
3.1 Leer 33
3.2 Tipos 34
3.3 Insertar 36
3.4 Actualizar 37
3.5 Borrar 38
3.6 Identificadores automáticos 39
3.7 Clave Primaria 40
3.8 Retornar valores insertados 42
3.9 Reto - Fundamentos 43

4 Consultas 44
4.1 Contar 45
4.2 Filtros 46
4.3 Ordenar 48
4.4 Expresiones Condicionales 49
4.5 Operadores Numéricos 50
4.6 Alias 51
4.7 Distintos 52
4.8 Paginación 53
4.9 Reto - Consultas 54

5 Tipos de datos 55
5.1 Texto 56
5.2 Texto: Función LENGTH 57
5.3 Texto: Función TRIM 58
5.4 Texto: Función UPPER 59
5.5 Números 60

5.6 Números: Función ROUND 61
5.7 Booleanos 62
5.8 Tiempo 63
5.9 Función PG_TYPEOF 65
5.10 JSON y XML en SQL 66
5.11 Manejo de valores nulos y comparaciones 68
5.12 Reto - Tipos de datos 69

6 Agrupaciones 70
6.1 Agrupar 71
6.2 Condición sobre grupos 72
6.3 Funciones Agregadas 73
6.4 Agrupar Distintos 74
6.5 Agrupaciones avanzadas 75
6.6 Reto - Agrupaciones 77

7 Tablas y esquemas 78
7.1 Crear 79
7.2 Drop 80
7.3 Copiar 81
7.4 Nulo 82
7.5 Restricciones 83
7.6 Alterar Esquema 85
7.7 Vaciar 86
7.8 Reto - Tablas y esquemas 87

8 Uniones 88
8.1 Joins 89

8.2 Relaciones entre tablas 90
8.3 Integridad referencial y restricciones avanzadas 92
8.4 Diferencias entre los tipos de joins 94
8.5 Unión 97
8.6 Joins avanzados 98
8.7 Unión en la misma tabla 99
8.8 Reto - Uniones 100

9 Transacciones 101
9.1 Orden de cláusulas 102
9.2 Transacción 103
9.3 Concurrencia 105
9.4 Rendimiento 107
9.5 Revertir parcialmente 108
9.6 Deadlocks y estrategias para evitarlos 109
9.7 Reto - Transacciones 111

10 Complementos 112
10.1 Gatillos 113
10.2 Subselecciones 115
10.3 Vistas 116
10.4 Indices 117
10.5 Procedimientos almacenados y funciones 118
10.6 Eventos y Job 120
10.7 Seguridad en SQL 121
10.8 ORMs 122
10.9 Reto - Complementos 124

11 Proyecto Mini Netflix: Sistema de Streaming 125

12 Siguientes pasos 131

12.1 Herramientas 132

12.2 Recursos 133

12.3 ¿Qué viene después? 134

12.4 Preguntas de entrevista 135

1

Introducción

1.1 Bienvenida

Bienvenid@ a este libro de Academia X en donde aprenderás SQL.

Hola, mi nombre es Xavier Reyes Ochoa y soy el autor de este libro. He trabajado como consultor en proyectos para Nintendo, Google, entre otros proyectos top-tier; trabajé como líder de un equipo de desarrollo por 3 años, y soy Ingeniero Ex-Amazon. En mis redes me conocen como Programador X y comparto videos semanalmente en YouTube desde diversas locaciones del mundo, con el objetivo de guiar y motivar a mis estudiantes mientras trabajo haciendo lo que más me gusta: la programación.

En este libro vas a aprender estos temas:

- Primeros pasos
- Fundamentos
- Consultas
- Tipos de datos
- Agrupaciones
- Tablas y esquemas
- Uniones
- Transacciones
- Complementos
- Proyecto Mini Netflix: Sistema de Streaming

La motivación de este libro es brindarte todo el conocimiento técnico necesario para que puedas elevar la calidad de tus proyectos y al mismo tiempo perseguir metas más grandes, como utilizar esta tecnología para tus pasatiempos creativos, aumentar tus oportunidades laborales o, si tienes un espíritu emprendedor, incluso crear tu propio negocio en línea. Confío en que este libro te dará los recursos que necesitas para conseguir el éxito en este campo.

¡Empecemos!

1.1.1 Libro vivo

Esto es a lo que llamo un trabajo VIVO. Quiere decir que será actualizado en el tiempo a medida que existan cambios en la tecnología. La versión actual es 2.0.0, editada el 5 de mayo de 2025. Si tienes correcciones importantes, puedes escribirnos a nuestra sección de contacto en https://www.academia-x.com.

Te invito a registrar tu copia de este eBook de programación para disfrutar de beneficios únicos, como actualizaciones gratuitas con las últimas tendencias y mejoras, y ofertas exclusivas. Haz clic en el siguiente enlace o escanea el código QR para disfrutar de estos beneficios tan pronto como te registres:

https://www.academia-x.com/registrar-libro

¡Gracias por ser parte de nuestra comunidad de programadores profesionales!

1.1.2 Alcance

El objetivo de este libro es llenar el vacío existente sobre esta tecnología en Español, mediante el siguiente enfoque:

- Revisaremos los temas con un enfoque práctico con ejemplos y retos.
- Evitaremos incluir material de relleno, pues no es eficiente.
- Evitaremos entrar en detalle en temas simples o avanzados no-prácticos.

Si deseas profundizar en algún tema, te dejo varios recursos oficiales, populares, y avanzados en la lección de recursos.

1.2 Pre-requisitos

Antes de aprender SQL, necesitas lo siguiente:

1. Un computador: cualquier computador moderno tiene las capacidades de correr este lenguaje. Te recomiendo un monitor de escritorio o laptop, pues los dispositivos móviles o ipads no son cómodos para programar.

2. Sistema operativo: conocimiento básico de cómo utilizar el sistema operativo en el que se ejecutará SQL (por ejemplo, Windows, MacOS, Linux). Te recomiendo tener el sistema operativo actualizado.

3. Conocimiento básico de la línea de comandos: se utiliza para ejecutar programas en SQL.

4. Un editor de texto: lo necesitas para escribir código de SQL. Los más populares son Visual Studio Code (gratis, potente y extensible), Cursor (gratuito con versión Pro de pago, integra IA), Sublime Text (de pago, con versión gratuita limitada), y Zed (gratis, muy rápido y enfocado en colaboración).

5. Un navegador web y conexión al internet: es útil para investigar más sobre esta tecnología cuando tengas dudas. Los navegadores más populares son Google Chrome, Mozilla Firefox, Safari y Microsoft Edge. Se recomienda tener el navegador actualizado.

Si ya cumples con estos requisitos, estarás en una buena posición para comenzar a aprender SQL y profundizar en sus características y aplicaciones.

Si todavía no tienes conocimiento sobre algunos de estos temas, te recomiendo buscar tutoriales básicos en blogs a través de Google (https://www.google.com), ver videos en YouTube (https://www.youtube.com), o hacer preguntas a modelos de lenguaje avanzados como ChatGPT (https://www.openai.com/chatgpt), Gemini (https://gemini.google.com), o Claude (https://www.anthropic.com). Alternativamente, puedes empezar ya e investigar en línea a medida que encuentres bloqueos para comprender los conceptos en este libro.

1.3 ¿Cómo evitar bloqueos?

Para sacarle el mayor provecho a este libro:

1. No solo leas este libro. La práctica es esencial en este campo. Practica todos los días y no pases de lección hasta que un concepto esté 100% claro.

2. No tienes que memorizar todo, solo tienes que saber dónde están los temas para buscarlos rápidamente cuando tengas dudas.

3. Cuando tengas preguntas específicas sobre programación, usa Google (https://www.google.com), StackOverFlow (https://stackoverflow.com/), y modelos de lenguaje avanzados como ChatGPT (https://www.openai.com/chatgpt), Gemini (https://gemini.google.com), o LLaMA (https://llama.meta.com).

4. Acepta que, en esta carrera, mucho de tu tiempo lo vas utilizar investigando e innovando para solucionar problemas, no solo escribiendo código.

5. No tienes que aprender inglés ahora pero considera aprenderlo en un futuro, porque los recursos más actualizados están en inglés y también te dará mejores oportunidades laborales.

6. Si pierdas la motivación, recuerda tus objetivos. Ninguna carrera es fácil, pero ya tienes los recursos para llegar muy lejos. ¡Te deseo lo mejor en este campo!

2

Primeros pasos

2.1 Visión general

2.1.1 ¿Qué es y por qué debes aprenderlo?

SQL (Structured Query Language) es un lenguaje esencial para gestionar y manipular bases de datos. Con él puedes consultar, modificar y organizar datos, así como crear tablas o bases completas. Su sintaxis clara y directa lo convierte en una excelente puerta de entrada al mundo del análisis de datos y desarrollo backend.

Aprender SQL es una decisión inteligente por varias razones: es ampliamente usado por empresas para tomar decisiones basadas en datos, es compatible con casi todos los sistemas de bases de datos del mercado, y su curva de aprendizaje es amigable. Además, se integra fácilmente con otros lenguajes como Python o JavaScript, lo que lo convierte en una herramienta poderosa para desarrolladores y analistas. Dominarlo te dará acceso a más oportunidades laborales y una ventaja real en el entorno tecnológico actual.

2.1.2 ¿En dónde se utiliza?

SQL (Lenguaje de Consulta Estructurado) es una herramienta clave para gestionar y manipular bases de datos. Se utiliza en contextos muy variados: desde la creación y modificación de datos hasta su análisis y organización. Tanto pequeñas empresas como grandes corporaciones, gobiernos e incluso proyectos de inteligencia artificial dependen de SQL para manejar la información de manera eficiente.

Este lenguaje es fundamental en áreas como el análisis de datos, el desarrollo de aplicaciones, la administración de bases de datos, y el procesamiento de grandes volúmenes de información en entornos de Big Data. Además, en proyectos de inteligencia artificial, SQL se usa para preparar datos antes del entrenamiento de modelos. Por su versatilidad y potencia, es una herramienta imprescindible para quienes trabajan con datos.

2.1.3 ¿Qué trabajos puedes conseguir?

- **Administrador de bases de datos (DBA)**: Gestiona y organiza la información en bases de datos, asegurando su seguridad y disponibilidad.
- **Analista de datos**: Usa SQL para consultar y analizar grandes volúmenes de datos que ayudan a tomar decisiones empresariales.
- **Científico de datos**: Utiliza SQL para preparar datos antes de aplicar técnicas estadísticas y de machine learning.
- **Ingeniero de datos**: Emplea SQL para construir sistemas de recolección, almacenamiento y procesamiento de datos.
- **Desarrollador de aplicaciones de negocios y sistemas de información**: Utiliza SQL para crear sistemas que interactúan con bases de datos.
- **Desarrollador back-end**: Usa SQL para construir y mantener las bases de datos que dan respaldo a aplicaciones web.
- **Especialista en IA y Machine Learning**: Recurre a SQL para acceder, transformar y analizar datos previos al entrenamiento de modelos.

SQL es una herramienta clave para múltiples roles técnicos y analíticos relacionados con datos.

2.1.4 ¿Cuánto puedes ganar?

El dominio de SQL puede traducirse en salarios competitivos, especialmente en áreas como análisis de datos, ingeniería de datos y desarrollo de software. Los ingresos varían según la experiencia, el cargo y la ubicación, pero en general quienes manejan bien SQL tienen acceso a empleos bien remunerados. Por ejemplo, un profesional de nivel inicial (0–2 años de experiencia) en EE. UU. puede ganar entre $60,000 y $80,000 USD al año, mientras que alguien con más de cinco años de experiencia puede superar los $120,000 USD.

También hay diferencias según el rol específico. En Estados Unidos, un analista de datos suele ganar entre $60,000 y $75,000 USD al año, un ingeniero de datos entre $85,000 y $135,000 USD, y un científico de datos entre $95,000 y $165,000 USD. Estos rangos reflejan la alta demanda de profesionales con habilidades en SQL dentro del mercado laboral estadounidense.

Es importante tener en cuenta que estos son solo promedios, y que el salario real que puedes ganar puede variar, siendo mayor o menor según los factores mencionados anteriormente. Además, las posiciones suelen exigir conocimientos y habilidades adicionales. Siempre es prudente investigar y hacer preguntas sobre los salarios y las condiciones laborales antes de aceptar una oferta de trabajo.

Para explorar oportunidades laborales en tu área, te recomiendo consultar plataformas de empleo disponibles localmente. Una plataforma globalmente reconocida para comenzar es Indeed (https://indeed.com).

2.1.5 ¿Cuáles son las preguntas más comunes?

1. ¿Qué es SQL?

2. ¿Cuál es la diferencia entre SQL y MySQL?

3. ¿Cómo se definen los datos en SQL?

4. ¿Cómo puedo seleccionar todos los registros de una tabla en SQL?
5. ¿Cómo se usa la cláusula WHERE en SQL?
6. ¿Qué es la cláusula ORDER BY en SQL y para qué se utiliza?
7. ¿Cómo se usa la cláusula GROUP BY en SQL?
8. ¿Cuál es el propósito de la cláusula HAVING en SQL?
9. ¿Qué es una clave primaria y una clave foránea en SQL?
10. ¿Qué es la normalización y por qué es importante en SQL?

Al finalizar este recurso, tendrás las habilidades necesarias para responder o encontrar las respuestas a estas preguntas fácilmente.

2.2 Historia, evolución, y versiones

SQL fue creado en los años 70 por Donald D. Chamberlin y Raymond F. Boyce en IBM, con el objetivo de manipular y recuperar datos de su sistema de bases de datos relacionales (DB2). Originalmente se llamó SEQUEL (Structured English Query Language), pero el nombre se acortó a SQL por razones legales de marca.

SQL ha evolucionado significativamente desde sus inicios. En 1979, Oracle (entonces Relational Software Inc.) lanzó la primera versión comercial. En 1986, ANSI estandarizó SQL, y en 1991 lo hizo ISO. Desde entonces, ambos organismos han seguido actualizando el estándar con regularidad.

SQL es un lenguaje que ha ido mejorando con el tiempo. Las versiones más recientes del estándar son SQL:2019 y SQL:2023. Estas versiones agregaron funciones modernas, como la posibilidad de trabajar con datos en formato JSON y analizar relaciones complejas entre datos usando estructuras tipo grafo (algo útil, por ejemplo, en redes sociales o mapas). Aunque hay diferentes programas que usan SQL —como MySQL, PostgreSQL, SQL Server o SQLite—, todos comparten una base común. Eso significa que los comandos más importantes, como los que se utilizan para buscar, agregar o modificar datos, funcionan de forma muy parecida en todos ellos. Así que, una vez que aprendes lo básico, puedes aplicarlo casi en cualquier lugar.

2.3 Sistemas de Gestión de Bases de Datos

En el mundo de SQL, no basta con saber escribir consultas. También necesitas conocer los programas que ejecutan esas consultas. A estos programas se los conoce como **Sistemas de Gestión de Bases de Datos** o **DBMS** (por sus siglas en inglés: *Database Management Systems*).

Un DBMS es el software que gestiona toda la base de datos: recibe tus instrucciones SQL, guarda los datos en el disco, maneja la seguridad, hace respaldos, y asegura que todo funcione bien.

Aunque todos los DBMS populares usan SQL, cada uno tiene sus propias características, ventajas y casos de uso. Aquí te presento los más importantes:

- **MySQL**: Gratuito, rápido y muy usado en desarrollo web. Es parte de muchas aplicaciones con PHP o WordPress.

- **PostgreSQL**: También gratuito, pero técnicamente más avanzado. Ideal para proyectos que requieren precisión, consultas complejas o integridad de datos.

- **SQL Server**: Creado por Microsoft. Muy usado en empresas que ya usan Windows y el ecosistema Microsoft. Tiene una versión gratuita llamada *SQL Server Express*.

- **Oracle Database**: Potente, pero costoso. Usado por bancos, gobiernos y grandes corporaciones. Es famoso por su escalabilidad y seguridad.
- **SQLite**: No necesita servidor, todo se guarda en un solo archivo. Perfecto para apps móviles o programas pequeños que necesitan una base local.

Además de estos, existen otros sistemas populares como **MariaDB**, **Amazon Aurora**, **IBM Db2**, **CockroachDB**, **Google Cloud Spanner** y **ClickHouse**, cada uno con usos específicos en función del tamaño del proyecto, si es en la nube, o si se necesita alta disponibilidad y rendimiento.

2.4 Características, ventajas, y diferencias

SQL (que significa *Structured Query Language*) es el lenguaje que usamos para hablar con bases de datos. Te permite pedirles datos, modificarlos, organizarlos o borrarlos. Lo bueno de SQL es que es **declarativo**, o sea, no necesitas decirle cómo hacer las cosas paso a paso, solo qué quieres que haga. Además, funciona en casi cualquier sistema, desde tu laptop hasta los servidores de una gran empresa. Es portátil, soporta múltiples usuarios al mismo tiempo, y es un estándar usado en todo el mundo.

A diferencia de lenguajes como Python o Java, que se usan para crear aplicaciones completas, SQL está hecho **solo para trabajar con datos**. Y lo hace muy bien: es rápido, flexible y súper útil cuando tienes que manejar mucha información. No sirve para diseñar pantallas o animaciones, pero, si vas a trabajar con datos (en análisis, desarrollo web, administración, lo que sea), SQL es una herramienta que no te puede faltar.

2.5 Diferencias entre SQL y NoSQL

Cuando hablamos de bases de datos, hay dos grandes tipos: **SQL** y **NoSQL**. La diferencia principal está en cómo guardan y organizan la información.

SQL usa un formato tradicional de **tablas con filas y columnas** (como una hoja de Excel). Es súper bueno cuando tus datos son estructurados y siguen reglas claras, por ejemplo: usuarios con nombre, correo y contraseña. Aquí es donde entran sistemas como **MySQL, PostgreSQL** o **SQL Server**. Este tipo de base es ideal para apps que necesitan relaciones claras entre los datos (por ejemplo: cada usuario tiene muchas órdenes, cada orden tiene varios productos, etc).

NoSQL, en cambio, es más flexible. No usa tablas, sino formatos como **documentos (JSON)**, **colecciones**, **claves y valores**, o incluso **grafos**. Esto lo hace perfecto para apps que cambian mucho, o donde los datos no siguen una estructura fija. Por ejemplo: redes sociales, apps en tiempo real, o plataformas con millones de usuarios que suben contenido. Aquí aparecen sistemas como **MongoDB**, **Firebase**, **Cassandra** o **Redis**.

En resumen, **SQL** se caracteriza por tener una estructura fija, lo que lo hace ideal para bases de datos organizadas con reglas claras y transacciones seguras. En cambio, **NoSQL** ofrece una estructura más flexible, lo que lo convierte en la opción perfecta para aplicaciones modernas con alto tráfico y necesidades de cambios rápidos en los datos.

No es que uno sea mejor que el otro. Solo dependen del tipo de proyecto. Muchos desarrolladores hoy usan **los dos**: SQL para lo estructurado y NoSQL para lo dinámico.

2.6 Configuración

2.6.1 IDE

Los archivos de SQL son archivos de texto. Puedes editarlos con **editores de texto** como Notepad en Windows o Notes en MacOS, pero es recomendado utilizar un **IDE** (Integrated Development Environment), que es una aplicación de edición de código más avanzado que le da colores a tu código para que sea más fácil de leer y tengas funciones de autocompletado, entre otras. Algunos IDEs populares son WebStorm, Zed, Cursor, Vim, y Visual Studio Code.

El editor recomendado para practicar el código que vamos a ver es Visual Studio Code (o VSCode), que puedes descargar gratis desde https://code.visualstudio.com/

2.6.2 Entorno

Paso 1: Instalar PostgreSQL

Primero, necesitas instalar **PostgreSQL** en tu computadora. Lo usamos en este libro porque es uno de los motores de base de datos más populares y robustos del mercado. Puedes descargar la última versión para tu sistema operativo desde https://www.postgresql.org/download/. Solo selecciona tu sistema y sigue las instrucciones que se te indiquen.

Durante la instalación, puedes dejar todas las configuraciones predeterminadas. Estas suelen incluir herramientas como **pgAdmin**, la ubicación de instalación, el puerto para conectarse a la base de datos (por lo general, **5432**), una contraseña para el superusuario (por lo general, "postgres"), entre otros. Simplemente haz clic en "Siguiente" hasta completar el proceso.

Aunque aquí usamos PostgreSQL, también puedes utilizar otros motores de base de datos como MySQL, SQLite o SQL Server. Ten en cuenta que, si bien el lenguaje SQL es estándar, algunas funcionalidades, sintaxis o comportamientos mostrados en este libro pueden variar entre motores y no ser 100% compatibles.

Paso 2: Instalar un cliente SQL

También necesitarás un **cliente SQL** para interactuar con PostgreSQL, es decir, una herramienta que te permita conectarte, escribir y ejecutar consultas en tu base de datos. Uno de los clientes más populares es **pgAdmin**, que generalmente se instala junto con PostgreSQL.

Si no se instaló automáticamente, puedes descargarlo e instalarlo por separado desde https://www.pgadmin.org/download/. Solo elige la versión para tu sistema operativo y sigue los pasos indicados. Una vez instalado, podrás usar pgAdmin para crear bases de datos, ejecutar comandos SQL y visualizar tus tablas de forma gráfica.

Paso 3: Conectar al servidor PostgreSQL

Después de instalar PostgreSQL, puedes usar **pgAdmin** para conectarte al servidor de base de datos. Abre la aplicación pgAdmin (puede tardar unos segundos en iniciar) y verás una lista de servidores en el panel izquierdo.

Haz doble clic en el servidor predeterminado (normalmente llamado *PostgreSQL*). Cuando lo hagas, se te pedirá la contraseña del superusuario que configuraste durante la instalación.

Una vez conectado, el ícono del servidor cambiará de gris a verde, indicando que la conexión fue exitosa. A partir de ahí, ya puedes explorar y gestionar tus bases de datos de forma visual.

Paso 4: Crear una base de datos y una tabla

En el panel izquierdo, haz clic derecho en el servidor de PostgreSQL y selecciona **Create > Database...** En la ventana que aparece, asigna un nombre a tu base de datos (por ejemplo, `mi_base_de_datos`) y haz clic en **Save** para crear la base de datos.

Una vez creada la base de datos, haz clic derecho sobre ella en el panel izquierdo (por ejemplo, `mi_base_de_datos`), y selecciona **Query Tool** en el menú **Tools** para abrir el editor SQL. En el editor, escribe el siguiente código para crear una tabla llamada **`clientes`**, con dos columnas: **`id`** (entero) y `nombre` (texto):

```
CREATE TABLE clientes (
    id SERIAL PRIMARY KEY,
    nombre VARCHAR(100)
);
```

Después, haz clic en el icono de **Ejecutar** (el botón play) para ejecutar la consulta y crear la tabla.

Para insertar dos registros en la tabla **`clientes`**, en el mismo editor SQL, reemplaza el texto previo con el siguiente código:

```
INSERT INTO clientes (nombre) VALUES ('Juan Pérez');
INSERT INTO clientes (nombre) VALUES ('Ana Gómez');
```

Haz clic nuevamente en el icono de **Ejecutar** para insertar los datos.

Paso 5: Verificar la tabla

Para verificar que la tabla y los datos se han creado correctamente, en el panel izquierdo de **pgAdmin** expande tu base de datos (`mi_base_de_datos`), luego expande **Schemas > public > Tables**. Verás la tabla `clientes` en la lista. Haz clic derecho sobre ella y selecciona **View Data > View All Rows**. Aparecerán las filas de la tabla, y deberías ver los registros que insertaste: `Juan Pérez` y `Ana Gómez`.

Con estos pasos, habrás creado una base de datos, una tabla con dos registros y verificado que todo esté funcionando correctamente. Ahora puedes comenzar a trabajar con PostgreSQL en pgAdmin.

Todo lo que hemos explicado anteriormente también lo puedes hacer desde la terminal utilizando **psql**, la herramienta de línea de comandos de PostgreSQL. Sin embargo, debes tener en cuenta que trabajar desde la terminal es menos amigable, pues no cuenta con una interfaz gráfica como pgAdmin, lo que implica que debes escribir los comandos manualmente.

En las próximas lecciones, explorarás más ejemplos de código acompañados de desafíos prácticos. Te animo a poner en práctica lo aprendido, experimentando con los ejemplos y resolviendo los desafíos por ti mismo valiéndote de tu nueva base de datos. Además, puedes guardar el código en archivos con extensión `.sql` para futuras referencias.

¡Aprovecha esta oportunidad para reforzar los conocimientos de la lección con un video bonus exclusivo! Escanea el código QR a continuación para acceder al video y profundizar en los temas aprendidos. ¡No te lo pierdas!

https://youtu.be/hz_XyCUOQW4

2.7 Estructura

Imagina que una base de datos es como una biblioteca donde hay distintos géneros literarios organizados. El **`servidor`** es el edificio completo, donde se encuentran varias colecciones, cada una representando una base de datos específica. Por ejemplo, una base de datos llamada "escuela" podría almacenar información sobre estudiantes, cursos y profesores. Dentro de esa base de datos, los estantes por tema corresponden a los **`esquemas`**, que facilitan el orden en grandes cantidades de información. Luego, las **`tablas`** son como los libros que contienen datos de un tipo específico, y cada **`fila`** representa un registro (por ejemplo, un estudiante), mientras que cada **`columna`** es una sección del libro que detalla características (como nombre o edad). Finalmente, los datos individuales en cada celda son los **`valores`**. Esta jerarquía, desde el servidor hasta el valor, asegura que la información esté organizada y sea fácilmente accesible.

Servidor: Servidor SQL

Base de datos: academia_x

Esquema: public

Tabla: Estudiantes

Columna: Nombre

Columna: Apellido

Ejemplo:

```
CREATE TABLE Estudiantes (
    Id INT,
    Nombre VARCHAR(50),
    Apellido VARCHAR(50),
    Edad INT,
    Grado VARCHAR(50)
);
```

El código anterior crea una nueva tabla llamada **Estudiantes**. En esta definición, se especifican cinco campos: **ID_Estudiante**, **Nombre**, **Apellido**, **Edad** y **Grado**, junto con sus tipos de datos: **INT** para enteros y **VARCHAR** para texto variable.

Visualización de la tabla:

Id	Nombre	Apellido	Edad	Grado

Reto:
Ejecuta este código en el **Query Tool** de pgAdmin. Si no ves la nueva tabla de inmediato, haz clic derecho en la carpeta **Tables** y selecciona **Refresh** para actualizar la vista.

¡Aprovecha esta oportunidad para reforzar los conocimientos de la lección con un video bonus exclusivo! Escanea el código QR a continuación para acceder al video y profundizar en los temas aprendidos. ¡No te lo pierdas!

https://youtu.be/c0SGRNnPl8E

2.8 Consulta

Imagina que SQL es como un idioma que utilizas para comunicarte con una biblioteca llena de libros (tus datos). Al igual que necesitas aprender el vocabulario y la gramática para formular preguntas y obtener información de los libros, en SQL debes comprender las palabras clave y la estructura de las consultas. Dominar estas instrucciones es fundamental para acceder, agregar, actualizar y eliminar registros en tu "biblioteca" de datos.

Ejemplo:

```
INSERT INTO estudiantes (id, nombre, apellido, edad,
grado)
VALUES (1, 'Juan', 'Pérez', 20, 'Primer año');
```

Este bloque de código es una declaración **INSERT** que añade un nuevo registro en la tabla "estudiantes", especificando un **id**, un **nombre**, un **apellido**, una **edad** y un **grado** para el estudiante que se está agregando. Al ejecutarlo, se crea un nuevo registro con los valores proporcionados.

Visualización de la tabla:

Id	Nombre	Apellido	Edad	Grado
1	Juan	Pérez	20	Primer año

Reto:
Modifica esta consulta **INSERT** para añadir un nuevo estudiante llamado "Ana" de 22 años, con un id de 2, apellido "Gómez" y en su **grado** como "Segundo año" en la tabla "estudiantes".

2.9 Sintaxis

SQL es como un lenguaje que usas para hablar con una base de datos. Así como en cualquier idioma hay reglas gramaticales, en SQL también. La sintaxis se refiere a cómo debes escribir las consultas de manera correcta para que la base de datos te entienda. Es muy importante usar las palabras clave (claúsulas) como **SELECT**, **INSERT**, **UPDATE**, **DELETE** en **mayúsculas**, pues es la forma correcta y ayuda a diferenciar las palabras clave de otros elementos como los nombres de las tablas o las columnas, que generalmente se escriben en **minúsculas**.

Las consultas en SQL siempre deben terminar con un punto y coma (**;**). También puedes escribirlas en una sola línea, o distribuirlas en varias líneas con sangrías para facilitar su lectura. La indentación es opcional, pero es muy recomendable usarla, pues mejora la claridad y legibilidad del código, especialmente cuando las consultas se vuelven más complejas.

Aunque SQL no es estrictamente sensible a mayúsculas o minúsculas, seguir estas convenciones hace que tu código sea más claro y organizado.

Ejemplo:

```sql
SELECT columnas FROM tabla;
```

La consulta **SELECT** se usa para obtener datos de la base de datos. Tienes que decirle qué columnas quieres ver (puedes usar un asterisco * para obtener todas las columnas) y de qué tabla deben venir esos datos. Recuerda que debes reemplazar **`columnas`** y **`tabla`** con los nombres reales que usas en tu base de datos.

Reto:

Escribe una consulta SELECT para obtener los **nombres** y **edades** de todos los estudiantes en la tabla `estudiantes`. Después, intenta obtener todas las columnas usando el asterisco (*).

3

Fundamentos

3.1 Leer

CRUD en SQL se refiere a las operaciones básicas en bases de datos: **Create** (Crear con **INSERT**), **Read** (Leer con **SELECT**), **Update** (Actualizar con **UPDATE**) y **Delete** (Eliminar con **DELETE**).

Leer datos en SQL es como buscar libros en una biblioteca: solo necesitas acceder a aquellos que realmente te interesan. Esto se hace mediante la instrucción **SELECT**, que te permite seleccionar columnas específicas de una tabla. Para filtrar los resultados, utilizamos un condicional con **WHERE**, que te permite definir las condiciones que deben cumplir los datos que quieres obtener.

Ejemplo:

```
SELECT nombre, apellido, edad
FROM estudiantes
WHERE grado = 'Primer año';
```

Este bloque selecciona las columnas **nombre**, **apellido** y **edad** de la tabla **estudiantes**, pero solo muestra los registros donde el **grado** sea "Primer año". El condicional **WHERE** filtra los datos según el valor que se especifique.

Reto:
Escribe una consulta SELECT para obtener los **nombres** y **edades** de todos los estudiantes cuyo **grado** sea "Segundo año".

¡Aprovecha esta oportunidad para reforzar los conocimientos de la lección con un video bonus exclusivo! Escanea el código QR a continuación para acceder al video y profundizar en los temas aprendidos. ¡No te lo pierdas!

https://youtu.be/H9K-0Nsn4So

3.2 Tipos

Imagina que estás organizando una biblioteca. Al igual que para novelas, enciclopedias y manuales son necesarios diferentes estantes, en SQL, los tipos de datos clasifican la información que almacenarás en cada columna de una tabla, permitiendo su manipulación y asegurando el orden. Cada tipo determina qué operaciones puedes realizar; por ejemplo, no puedes sumar textos, así no mezclarías novelas y enciclopedias en el mismo estante. Esto es crucial para mantener la integridad de tus datos y evitar errores.

Ejemplo:

```
CREATE TABLE usuarios (
    id INT,
    usuario VARCHAR(50),
    nombre VARCHAR(50),
    apellido VARCHAR(50),
    clave VARCHAR(100)
);
```

Este código crea una tabla llamada **usuarios** con columnas definidas por tipos de datos específicos. La columna **id** es de tipo **INT**, adecuada para almacenar números enteros. Las columnas **usuario**, **nombre** y **apellido** son de tipo **VARCHAR(50)**, ideales para texto de hasta 50 caracteres. Por su parte, la columna **clave** es de tipo **VARCHAR(100)**, permitiendo almacenar contraseñas u otros datos textuales más largos.

Además de los tipos de datos utilizados en este ejemplo, existen muchos otros tipos comunes en SQL para representar diferentes clases de información:

- **DATE:** Se usa para almacenar fechas completas, como cumpleaños o fechas de eventos.
- **BOOLEAN:** Representa valores de verdadero o falso.
- **CHAR y TEXT:** CHAR para textos de longitud fija, y TEXT para textos largos y de longitud variable.
- **FLOAT y DOUBLE:** Para números decimales, siendo DOUBLE más preciso.
- **Otros tipos:** TIME, TIMESTAMP, BLOB, ARRAY, entre otros, según el sistema de gestión de base de datos.

Reto:
Crea una tabla llamada `peliculas` que incluya una columna para el título (VARCHAR), una para el año de lanzamiento (INT) y una para la duración en minutos (INT).

3.3 Insertar

"Insertar" en SQL es como añadir un nuevo libro a tu biblioteca. Cada libro representa un conjunto de datos, y tu biblioteca es la base de datos SQL. Al utilizar 'INSERT INTO', le indicas a SQL que agregue ese nuevo libro (datos) en el estante (tabla) correspondiente, creando así un nuevo registro para almacenar información específica.

Ejemplo:

```
INSERT INTO usuarios (id, usuario, nombre, apellido,
clave) VALUES
(1000,  'programadorX', 'Xavier', 'Reyes', 'qwerty');
```

Este código crea la tabla 'usuarios'. Después inserta un nuevo registro en la tabla con el 'id' 1000, el nombre de usuario 'programadorX', el nombre 'Xavier', el apellido 'Reyes' y la clave 'qwerty'. Como resultado, se crea una fila nueva en la tabla con estos valores específicos, añadiendo así información sobre un nuevo usuario.

Reto:

El reto consiste en insertar un usuario en la tabla `usuarios` con `id` 1001, `usuario` "hb", `nombre` "H", `apellido` "C" y una `clave` como "seguro123". Asegúrate de que todos los valores se inserten correctamente.

3.4 Actualizar

Imagina que tienes una lista de contactos en tu teléfono que debes mantener actualizada; cada vez que alguien cambia de número o dirección, necesitas modificar esa información. En SQL, la instrucción **UPDATE** funciona de manera similar, permitiéndote modificar los datos de una tabla para asegurar que la información sea la correcta y vigente.

Ejemplo:

```sql
UPDATE usuarios
    SET
    usuario = 'programadorX'
    WHERE id = 1000;

UPDATE usuarios
    SET
          usuario = 'hildabeast',
          nombre = 'Hilde',
          apellido = 'Clark'
    WHERE id = 1001;
```

Este código actualiza la tabla **usuarios**, modificando el nombre de usuario a 'programadorX' para el registro con **id** 1000, y cambia varios campos (usuario, nombre y apellido) para el registro con **id** 1001, estableciendo nuevos valores específicos.

> **Reto:**
> Intenta actualizar un registro en la tabla **usuarios** cambiando solo el campo **nombre** para un usuario específico utilizando su **id**.

3.5 Borrar

Imagina que estás organizando una biblioteca y decides donar todos los libros que ya no utilizas. Este proceso de limpieza es similar a lo que hace SQL con el comando **DELETE**, que permite eliminar información no deseada de una base de datos. Técnicamente, el comando **DELETE** elimina registros específicos de una tabla, y es crucial tener cuidado al ejecutarlo, pues la eliminación de datos es irreversible.

Ejemplo:

```
DELETE FROM usuarios WHERE id > 1000;
```

Este código elimina todos los registros de la tabla **usuarios** donde el **id** es mayor a 1000, lo que resulta en la eliminación de usuarios con un **id** de 1001 o más, dejando solo aquellos con un **id** inferior a 1001.

Reto:
Escribe un comando DELETE para eliminar todos los registros en la table `usuarios` donde la clave sea `querty`.

3.6 Identificadores automáticos

Imagina que cada vez que entras a una nueva tienda te dan una pulsera con un número único escrito en ella. Este número te permite ser reconocido entre todos los otros clientes. En SQL, los "identificadores automáticos" funcionan de manera similar: cada fila en una tabla recibe un número único al ser creada, asegurando que cada registro se distinga de los demás y previniendo duplicados en bases de datos grandes.

Ejemplo:

```
CREATE TABLE empleados (
    id SERIAL, -- (sintaxis para PostgreSQL)
    -- id INT AUTO_INCREMENT, (sintaxis para MySQL or
    MariaDB)
    nombre VARCHAR(100),
    PRIMARY KEY (id)
);

INSERT INTO empleados (nombre) VALUES ('Juan Pérez');
INSERT INTO empleados (nombre) VALUES ('Ana Gómez');
```

Este código crea una tabla llamada **empleados** con una columna **id** que se autoincrementa, lo que significa que SQL asignará automáticamente un número único a cada registro insertado sin necesidad de especificarlo manualmente. En **PostgreSQL**, se utiliza SERIAL para este comportamiento, mientras que en **MySQL** o **MariaDB**, se emplea AUTO_INCREMENT. Al insertar los registros de Juan Pérez y Ana Gómez, SQL asigna automáticamente valores incrementales a la columna **id**, garantizando que cada registro sea fácilmente identificable.

Reto:

Crea una tabla llamada **amigos** con dos columnas: **id** (como identificador automático) y **nombre**. Luego, inserta tres amigos diferentes y verifica que cada uno tenga un **id** único asignado.

3.7 Clave Primaria

Una Clave Primaria en SQL es como el número de matrícula de un automóvil; cada vehículo tiene un número único que lo diferencia de los demás. De la misma manera, cada registro en una base de datos necesita su propia clave primaria para distinguirse y evitar confusiones. Técnicamente, la clave primaria es una columna o conjunto de columnas que asegura que ninguno de los registros pueda repetirse, garantizando así la unicidad y sirviendo como un identificador fiable para acceder a los datos.

Ejemplo:

```
DROP TABLE IF EXISTS prueba;

CREATE TABLE prueba (
    id SERIAL PRIMARY KEY,
    texto text
);

INSERT INTO prueba (texto) VALUES ('veinte');
INSERT INTO prueba (texto) VALUES ('cuarenta');
INSERT INTO prueba (texto) VALUES ('ochenta');
```

Este código establece una tabla llamada **prueba** donde la columna **id**, que es clave primaria, genera automáticamente un identificador único para cada registro. Se insertan tres valores de texto en la columna **texto**, cada uno asociado a un identificador diferente gracias a la naturaleza de la clave primaria, que asegura que no se repitan.

Reto:

Crea una tabla denominada **clientes** que incluya una columna **id** como clave primaria y una columna **nombre** para el nombre de cada cliente. Inserta al menos tres clientes diferentes en la tabla.

3.8 Retornar valores insertados

Imagina que tienes un chef que, al terminar cada platillo, registra el nombre de la receta y la hora en que la preparó. En SQL, al insertar nuevos datos en una tabla, a veces quieres saber exactamente qué datos acabas de añadir, al igual que el chef quiere recordar qué platillos cocinó. La cláusula **RETURNING** en SQL permite obtener información sobre los registros recién insertados sin necesidad de revisar toda la tabla.

Ejemplo:

```
CREATE TABLE Productos (
    id SERIAL,
    nombre VARCHAR(100),
    precio DECIMAL(10, 2)
);

INSERT INTO Productos (nombre, precio)
VALUES ('Camiseta', 19.99)
RETURNING id, nombre;
```

Este código inserta un nuevo producto en la tabla **Productos** y devuelve el **id** y el **nombre** del producto que acabas de agregar, permitiéndote verificar instantáneamente los datos que has insertado.

Reto:

Escribe una consulta SQL que inserte un nuevo libro en una tabla llamada `Libros` con las columnas `titulo` y `autor`, y que retorne el `id` y el `titulo` del libro insertado. Si la tabla no existe, asegúrate de incluir su creación.

3.9 Reto - Fundamentos

¡Te invito a visitar el código QR para resolver un reto bonus! Escanea el código o visita el enlace para descubrir un desafío exclusivo que te permitirá poner a prueba tus conocimientos. ¡Buenas habilidades!

https://qrfy.io/p/jNzZklbW2E

4

Consultas

4.1 Contar

Imagina que tienes un contador que registra cuántas veces suena una campana en un evento específico. El comando **COUNT** en SQL cumple una función similar, ya que registra cuántas filas en una tabla cumplen ciertos criterios. Por ejemplo, si quisieras saber cuántas personas llamadas 'David' hay en tu base de datos, utilizarías **COUNT** para obtener ese número. **COUNT** en SQL es útil para realizar análisis de datos y validar información, permitiéndote obtener un resumen rápido del total de registros que coinciden con tus parámetros.

Ejemplo:

```
INSERT INTO usuarios (nombre, apellido) VALUES ('David',
'Mendez');
INSERT INTO usuarios (nombre, apellido) VALUES ('David',
'Martinez');
INSERT INTO usuarios (nombre, apellido) VALUES ('David',
'Lopez');
INSERT INTO usuarios (nombre, apellido) VALUES ('Pedro',
'Lopez');

SELECT COUNT(*) FROM usuarios
    WHERE nombre = 'David';
```

Este código SQL cuenta el total de usuarios en la tabla **usuarios** que tienen 'David' como nombre. Utiliza **SELECT COUNT(*)** para realizar la cuenta de todas las filas que satisfacen las condiciones especificadas en la cláusula **WHERE**.

> **Reto:**
> Escribe una consulta SQL que cuente cuántos usuarios tienen un nombre diferente de 'David' utilizando la sintaxis != en una cláusula **WHERE**.

¡Aprovecha esta oportunidad para reforzar los conocimientos de la lección con un video bonus exclusivo! Escanea el código QR a continuación para acceder al video y profundizar en los temas aprendidos. ¡No te lo pierdas!

https://youtu.be/_TpmioFv4Uw

4.2 Filtros

Los filtros en SQL son como un colador de café que te permite separar lo que quieres de lo que no. Si piensas en una bolsa llena de granos de café, cada grano representa una fila de datos, y el colador actúa como la cláusula **WHERE**, que te ayuda a seleccionar solo aquellos datos que cumplen con ciertas condiciones, ignorando el resto. Así, en lugar de revisar toda tu base de datos, puedes extraer fácilmente la información que necesitas.

Ejemplo:

```
CREATE TABLE paises (
    id INT PRIMARY KEY,
    iso3 VARCHAR(3),
    legible VARCHAR(100)
);

INSERT INTO paises (id, iso3, legible)
VALUES (1, 'BRA', 'Brasil');
INSERT INTO paises (id, iso3, legible)
VALUES (2, 'ARG', 'Argentina');
INSERT INTO paises (id, iso3, legible)
VALUES (3, 'AFG', 'Afganistán');

SELECT * FROM paises
    WHERE iso3 = 'AFG';
```

Este código SQL selecciona todas las columnas de la tabla 'paises' donde se cumple la condición de que el código ISO3 es 'AFG'.

Reto:

Escribe una consulta SQL que seleccione todas las columnas de la tabla 'paises' donde la columna 'legible' contenga la palabra 'Brasil'.

4.3 Ordenar

Imagina que tienes una colección de libros y decides organizarlos en una estantería. Así como puedes ordenarlos alfabéticamente por autor, título o año de publicación, la instrucción ORDER BY en SQL te permite clasificar los datos de una tabla según una o más columnas, facilitando la búsqueda y el análisis de información.

Ejemplo:

```
SELECT * FROM paises ORDER BY legible;
SELECT * FROM paises ORDER BY legible ASC;
SELECT * FROM paises ORDER BY legible DESC;
SELECT legible FROM paises ORDER BY id ASC, legible
DESC;
```

El código presentado muestra cómo seleccionar datos de la tabla `paises` y ordenarlos por la columna `legible`. La primera y la segunda consulta presentan los resultados en orden ascendente, mientras que la tercera los organiza en orden descendente. Por último, la cuarta consulta ordena los resultados inicialmente por `id` en orden ascendente y, dentro de este orden, por `legible` en orden descendente.

Reto:

Crea una consulta que seleccione solo el nombre de algunos países y los ordene alfabéticamente en orden ascendente.

4.4 Expresiones Condicionales

Las `Expresiones Condicionales` en SQL son como las señales de tráfico que regulan el paso por una intersección, dictando cuándo un vehículo puede avanzar o debe detenerse. Técnicamente, funcionan al evaluar condiciones y decidir qué datos recuperar en función de criterios específicos establecidos en la consulta. Así, al igual que las luces del semáforo indican cómo proceder, estas expresiones determinan el resultado que se mostrará en función de las condiciones satisfechas.

Ejemplo:

```
INSERT INTO paises (id, iso3, legible)
VALUES (5, 'MEX', 'Mexico');

SELECT legible,
    CASE
          WHEN legible = 'Argentina' THEN 'che'
          WHEN legible = 'Mexico' THEN 'güey'
          ELSE 'pana'
    END AS dude
FROM paises;
```

Este código selecciona la columna **legible** de la tabla **paises** y utiliza una expresión condicional **CASE** para evaluar cada fila. Si el país es 'Argentina', se asigna 'che'; si es 'México', se devuelve 'güey'; para cualquier otro país, se asigna 'pana'. El resultado significa que se crea una nueva columna llamada 'dude' con los apodos correspondientes.

Reto:
Crea una consulta que asigne apodos diferentes para al menos tres países utilizando expresiones condicionales.

4.5 Operadores Numéricos

Imagina que cada operador numérico en SQL es como una herramienta en una caja de herramientas. Mientras que cada herramienta tiene un propósito específico, como un martillo para clavar y una sierra para cortar, los operadores numéricos en SQL te permiten realizar cálculos con tus datos. Cada operador tiene una función particular para resolver diferentes problemas matemáticos en tus consultas.

Ejemplo:

```
SELECT 1 + 2;
SELECT 2 * 2;
SELECT 1 / 2;
SELECT 1.2::float / 2;
SELECT 1::float / 2;
SELECT 5 / 2;
SELECT 5 % 2;
SELECT precio * 0.12 FROM productos; -- Calcular IVA
```

Este código muestra operaciones matemáticas básicas en SQL: suma, multiplicación, división y módulo. Sirve para entender cómo SQL maneja números enteros y flotantes, y cómo calcular valores derivados como el IVA. En la mayoría de los casos, no estás usando datos de la base, solo probando cómo funcionan los cálculos. Ejecuta cada línea por separado para ver el resultado específico.

Reto:
Crea un conjunto de consultas usando los operadores de resta y módulo para calcular cuántas unidades sobran después de dividir productos en inventario.

4.6 Alias

En SQL, "AS" se utiliza para asignar un alias o nombre alternativo a una columna o tabla. Es como darle un apodo a una persona para que sea más fácil referirse a ella. Usar "AS" hace que el resultado de una consulta sea más claro y legible, especialmente cuando se están utilizando cálculos, funciones o combinando varias tablas.

Ejemplo:

```
SELECT nombre AS 'Nombre del Usuario', apellido AS
'Apellido del Usuario'
FROM usuarios;
```

En este caso, estamos seleccionando las columnas **nombre** y **apellido** de la tabla **usuarios**, pero les estamos dando un alias. El alias 'Nombre del

Usuario' y 'Apellido del Usuario' se usarán en el resultado, en lugar de los nombres originales de las columnas.

Reto:
El reto consiste en escribir una consulta que seleccione las columnas `usuario` y `clave` de la tabla `usuarios` y las muestre con los alias 'Nombre de Usuario' y 'Contraseña', respectivamente.

4.7 Distintos

Imagina que estás organizando un evento y solo quieres invitar a cada persona una vez, aunque algunos amigos se hayan apuntado varias veces. Usar la cláusula `DISTINCT` en SQL es como colocar un filtro que solo te muestra a cada invitado una vez, independientemente de cuántas veces se inscribieron. Técnicamente, `DISTINCT` permite recuperar filas únicas de una consulta, eliminando duplicados de los resultados.

Ejemplo:

```
INSERT INTO usuarios (nombre, apellido)
VALUES ('David', 'Mendez');

SELECT DISTINCT nombre, apellido
FROM usuarios
WHERE nombre = 'David';
```

Este código selecciona los nombres y apellidos únicos de los usuarios cuyo nombre es 'David'. Si en la tabla **usuarios** hay múltiples registros de 'David Mendez', **DISTINCT** garantiza que cada combinación de nombre y apellido se muestre solo una vez en los resultados, proporcionando una vista clara de los diferentes individuos con ese nombre.

Reto:

Crea una consulta que utilice **DISTINCT** para seleccionar los correos electrónicos únicos de una tabla llamada **suscriptores**.

4.8 Paginación

La "paginación" en SQL se asemeja a abrir un libro en una página específica para encontrar información. En lugar de leer todo el libro desde el principio, saltas a la página que necesitas. Igualmente, en bases de datos grandes, donde hay millones de filas, la paginación permite acceder directamente a un rango específico de datos, evitando la necesidad de recuperar toda la información. En SQL, empleas las cláusulas **LIMIT** y **OFFSET** para definir cuántas filas mostrar y desde qué fila empezar.

Ejemplo:

```
SELECT id, nombre, apellido FROM usuarios
    WHERE nombre = 'David'
    ORDER BY apellido DESC
    LIMIT 2 OFFSET 0;
```

Este código selecciona los campos **id**, **nombre** y **apellido** de la tabla **usuarios**, filtrando por aquellos cuyo **nombre** es 'David', y ordena los resultados por **apellido** de manera descendente. Limita la salida a 2 registros, comenzando desde la primera fila.

Reto:
Modifica el ejemplo anterior para que muestre los siguientes 3 usuarios que se llamen 'david' utilizando un OFFSET adecuado.

4.9 Reto - Consultas

¡Te invito a visitar el código QR para resolver un reto bonus! Escanea el código o visita el enlace para descubrir un desafío exclusivo que te permitirá poner a prueba tus conocimientos. ¡Buenas habilidades!

https://qrfy.io/p/Qf6oxJs9_P

5

Tipos de datos

5.1 Texto

Imagina que el texto en SQL es como una carta que le envías a un amigo. Así como necesitas que el contenido de esa carta sea claro para que tu amigo entienda tu mensaje, las cadenas de texto en SQL sirven para comunicar las intenciones a la base de datos. Técnicamente, las cadenas de texto no solo almacenan información, sino que también permiten nombrar tablas, columnas y realizar consultas, actuando como instrucciones que guían a la base de datos en la ejecución de operaciones.

Ejemplo:

```
SELECT 'Hello World';
SELECT 'Hello'' World';
SELECT 'Hello' || 'World';
SELECT CONCAT('Hello','World');
SELECT 'Bienvenido ' || nombre FROM usuarios;
```

Este código muestra cómo trabajar con texto en SQL. Los primeros ejemplos usan cadenas escritas directamente en la consulta: cómo mostrar texto, insertar comillas simples dentro de una cadena, y unir textos con || o CONCAT. En el último ejemplo, se combina texto fijo con datos reales desde la tabla **usuarios**, generando saludos personalizados. Ejecuta cada línea por separado para ver el resultado. Nota que en varios casos el texto no está guardado en la base; se usa solo para practicar o construir mensajes dinámicos.

Reto:

Crea una consulta que seleccione el texto 'SQL es poderoso' y otra que combine 'Aprender' y 'SQL' usando el operador de concatenación.

¡Aprovecha esta oportunidad para reforzar los conocimientos de la lección con un video bonus exclusivo! Escanea el código QR a continuación para acceder al video y profundizar en los temas aprendidos. ¡No te lo pierdas!

https://youtu.be/62Ys4QasmqE

5.2 Texto: Función LENGTH

La función **LENGTH** en SQL se asemeja a una regla que mide la longitud de un texto, pero esta vez en caracteres en lugar de centímetros. Imagina un contador de elementos en una lista, donde cada "elemento" corresponde a un carácter. Usar **LENGTH** nos permite conocer el número de letras en un nombre, o la cantidad total de caracteres en una frase, lo que resulta útil para optimizar el almacenamiento y la presentación de datos en bases de datos.

Ejemplo:

```
SELECT LENGTH('Hello World');
SELECT nombre, LENGTH(nombre) FROM usuarios;
```

Este código usa la función **LENGTH** para contar cuántos caracteres tiene una cadena de texto. En el primer caso, **'Hello World'** devuelve **11** (10 letras + 1 espacio). En el segundo, se aplica a cada valor de la columna **nombre** en la tabla **usuarios**, mostrando el nombre y la cantidad de caracteres. Es útil para validar longitudes o aplicar reglas como límites de caracteres.

Reto:
Usa la función **LENGTH** para contar cuántos caracteres tiene el campo 'nombre' de un usuario en una tabla llamada 'clientes'.

5.3 Texto: Función TRIM

La función TRIM() en SQL es como recortar el exceso de envoltura de un regalo para que luzca más presentable. Mientras que TRIM() elimina los espacios en blanco al inicio y al final de una cadena de caracteres, LTRIM() y RTRIM() se centran en los lados izquierdo y derecho respectivamente, permitiendo limpiar solo donde se necesita. Además, puedes personalizar el recorte para eliminar caracteres específicos, aumentando así la precisión en la manipulación de cadenas.

Ejemplo:

```
SELECT TRIM('   Hello World   ');
SELECT LTRIM('   Hello World   ');
SELECT RTRIM('   Hello World   ');
SELECT TRIM('---Hello World---', '-');
```

El código anterior ilustra cómo aplicar la función **TRIM()** para eliminar los espacios en blanco al principio y al final de una cadena de caracteres, y cómo utilizar **LTRIM()** y **RTRIM()** para eliminar espacios específicos a la izquierda y a la derecha. También muestra cómo eliminar un carácter personalizado al inicio y al final de la cadena.

Reto:
Utiliza TRIM(), LTRIM() y RTRIM() en una cadena de tu elección, experimentando con diferentes caracteres a eliminar y verifica los resultados.

5.4 Texto: Función UPPER

Imagina que todos los estudiantes de una clase llevan uniformes diferentes para una presentación. La función **UPPER** en SQL actúa como un director que les indica que todos deben vestirse con el mismo uniforme, convirtiendo cualquier texto en mayúsculas para asegurar que todo luzca igual.

Técnicamente, esta función estandariza la presentación de los datos en una base de datos, garantizando que los caracteres se muestren de forma uniforme.

Ejemplo:

```
SELECT UPPER('Hello World');
```

Este código convierte todos los caracteres de la cadena 'Hello World' a mayúsculas, resultando en 'HELLO WORLD', lo que proporciona una presentación uniforme y clara del texto.

Reto:
Usa la función **UPPER** para convertir la cadena 'practicar SQL es divertido' a mayúsculas y muestra el resultado.

5.5 Números

Los **números** en SQL son como las herramientas en un taller: cada una tiene su función específica y te permite realizar diferentes tareas. En el contexto de SQL, los números son tipos de datos fundamentales que puedes utilizar para realizar operaciones matemáticas y análisis de datos. Así como un carpintero puede medir y cortar materiales, en SQL puedes contar, sumar o analizar información numérica.

Ejemplo:

```
SELECT 100;
SELECT 100.0;
SELECT 2147483647;
SELECT 2147483648; -- No ERROR en algunos sistemas, se
convierte a BIGINT
```

Este código muestra cómo SQL maneja diferentes tipos de números. La primera consulta selecciona un número entero, la segunda un número de punto flotante, y la tercera un entero grande. La cuarta consulta intenta seleccionar un número que supera el límite de los enteros de 32 bits (2147483647), pero en algunos sistemas de bases de datos, como PostgreSQL, no se genera un error; en cambio, el número se convierte automáticamente a un tipo de datos `BIGINT` para manejarlo correctamente.

Reto:
Escribe un código que seleccione dos números enteros, uno positivo y otro negativo, y realiza la suma para mostrarlos juntos en una única consulta.

5.6 Números: Función ROUND

Imagina que estás afinando un instrumento musical: en lugar de dejar las notas desentonadas, decides ajustarlas para que suenen mejor. La función ROUND en SQL hace algo similar con los números decimales: los ajusta al entero más cercano, o a una cantidad específica de decimales que determines. Técnica y prácticamente, la función ROUND permite simplificar los resultados numéricos en tus consultas, facilitando la presentación y análisis de datos.

Ejemplo:

```
SELECT 3.2345234;
SELECT ROUND(3.2345234);
SELECT ROUND(3.5345234);
SELECT ROUND(3.2345234, 2);
```

El primer SELECT muestra el número original sin cambios. Los siguientes dos aplican la función ROUND para redondear los números al entero más cercano, mientras que el último redondea a dos decimales, logrando un mayor control sobre la presentación de los datos.

Reto:
Utiliza la función ROUND para redondear el número 5.6789 a un entero y a un decimal.

5.7 Booleanos

Los booleanos son como un interruptor de luz que solo puede estar encendido (verdadero) o apagado (falso). En SQL, estos valores son esenciales para tomar decisiones y operar con comparaciones dentro de nuestras consultas, similar a cómo un interruptor controla si una luz está activa o no.

Ejemplo:

```
SELECT true;
SELECT false;
SELECT true AND false;
SELECT true OR false;
SELECT 1 = 1;
```

Este código ilustra el uso de valores booleanos en SQL. Las primeras dos líneas devuelven `true` y `false`, respectivamente. La tercera línea, que usa AND, devuelve `false` porque uno de los valores es falso. La cuarta línea, que emplea OR, retorna `true` ya que al menos uno de los valores es verdadero. Por último, la comparación `1 = 1` resulta en `true`, ya que ambos lados de la ecuación son equivalentes.

Reto:

Crea una consulta que utilice un operador booleano para verificar si 7 es menor que 10 y si 4 es mayor que 1.

5.8 Tiempo

Imagina que estás organizando un evento y necesitas saber cuando debe empezar, así que registras la fecha y la hora en tu calendario. Así como ese calendario te ayuda a coordinar y recordar momentos importantes, SQL te permite gestionar datos relacionados con fechas y horas para realizar consultas y análisis. Utilizando herramientas específicas, SQL facilita la manipulación de información temporal.

El trabajo con fechas y horas en SQL te permite registrar instantes únicos y extraer información valiosa. Al igual que un reloj te da la hora exacta, SQL te ofrece comandos para capturar, transformar y consultar datos temporales.

Ejemplo:

```
-- '2001-10-05' es interpretado como una cadena de texto
SELECT '2001-10-05';

-- date '2001-10-05' es interpretado como una fecha
SELECT date '2001-10-05';

-- date 'now' obtiene la fecha actual
SELECT date 'now';

-- time 'now' obtiene la hora actual
SELECT time 'now';

-- timestamp '2001-10-05' es interpretado como un
marcador de fecha y hora
SELECT timestamp '2001-10-05';

-- timestamp 'now' obtiene la fecha y hora actuales
SELECT timestamp 'now';

-- timestamp with time zone 'now' agrega la
información de zona horaria a la marca de tiempo
SELECT timestamp with time zone 'now';

-- timestamp 'now' at time zone 'utc' convierte la
marca de tiempo a la zona horaria UTC
SELECT timestamp 'now' at time zone 'utc';

-- SET timezone cambia la zona horaria
SET timezone TO 'utc';
SET timezone TO 'gmt+7';
```

Este código muestra cómo trabajar con diferentes representaciones de fechas y horas en SQL. Te permite diferenciar entre cadenas de texto y tipos de datos de fecha, obtener fechas y horas actuales, y ajustar la zona horaria según sea necesario.

Reto:
Usa SET `timezone` para cambiar tu zona horaria a una de tu elección, y luego ejecuta SELECT `timestamp 'now'` para verificar la fecha y hora actuales en esa zona horaria.

5.9 Función PG_TYPEOF

Imagina que eres un detective que necesita identificar rápidamente el tipo de objeto en una escena del crimen. Usar la función **PG_TYPEOF** en PostgreSQL es como tener una herramienta que te ayuda a clasificar esos objetos, revelando su identidad de una forma fácil. Técnicamente, esta función evalúa cualquier expresión que le proporciones y devuelve el tipo de dato que representa, lo que resulta invaluable para evitar errores en el manejo de datos.

Ejemplo:

```
SELECT PG_TYPEOF(100);
SELECT PG_TYPEOF(100.0);
SELECT PG_TYPEOF('texto');
SELECT PG_TYPEOF('texto'::text);
SELECT PG_TYPEOF(nombre) FROM usuarios;
```

La función **PG_TYPEOF** recibe diferentes expresiones como argumentos y devuelve el tipo de dato correspondiente a cada una de ellas, permitiéndote identificar si son enteros, números decimales, texto u otros tipos de datos que puedas tener en tu base de datos.

Reto:
Utiliza **PG_TYPEOF** para averiguar el tipo de datos de al menos tres columnas distintas en una tabla con la que estés trabajando.

5.10 JSON y XML en SQL

Imagina que JSON y XML son dos formas de enviar mensajes a un amigo a través de un chat. JSON es como un mensaje corto y directo, que utiliza emojis y abreviaturas para expresar ideas rápidamente. XML, en cambio, es más formal y detallado, como escribir una carta estructurada. Ambos formatos cumplen la función de comunicar información, seleccionándose según el nivel de formalidad y detalle necesario. En el contexto de SQL, JSON (JavaScript Object Notation) y XML (eXtensible Markup Language) son formatos utilizados para almacenar y transportar datos de forma estructurada, permitiendo una eficiente gestión de información compleja en aplicaciones modernas.

Ejemplo:

```
CREATE TABLE eventos (
    id SERIAL PRIMARY KEY,
    detalles JSONB
);

INSERT INTO eventos (detalles) VALUES
('{"nombre": "Conferencia de Programación", "fecha":
"2025-06-15", "ubicacion": "Auditorio Principal"}'),
('{"nombre": "Taller de Diseño Web", "fecha": "2025-07-
20", "ubicacion": "Sala 2"}');

SELECT
    detalles->>'nombre' AS nombre,
    detalles->>'fecha' AS fecha
FROM eventos;
```

El código crea una tabla llamada **eventos**, que tiene una columna para almacenar datos en formato JSON. Luego, inserta dos registros con información sobre los eventos "Conferencia de Programación" y "Taller de Diseño Web". Finalmente, se realiza una consulta que extrae el nombre y la fecha de esos eventos utilizando la notación JSON. La salida esperada sería:

```
nombre                         |      fecha
-------------------------------|-----------------
Conferencia de Programación    |    2025-06-15
Taller de Diseño Web           |    2025-07-20
```

Reto:
Crea una tabla llamada **eventos** que contenga un campo JSON. Inserta un evento con al menos tres atributos (nombre, fecha, ubicación). Luego, escribe una consulta para obtener el nombre y la fecha de ese evento.

5.11 Manejo de valores nulos y comparaciones

Imagina que estás organizando una fiesta y tienes una lista de invitados. Algunos han confirmado su asistencia, otros han dicho que no podrán ir, y algunos no han respondido todavía. En SQL, esto se refleja en valores nulos, que representan la ausencia de información. Así como no tener confirmación de asistencia no significa que un invitado no exista, un campo nulo en una base de datos indica que no hay datos en esa posición.

Ejemplo:

```sql
INSERT INTO productos (id, nombre, precio)
VALUES (2, 'Gorra', NULL);

SELECT * FROM productos WHERE precio IS NULL;
```

Esta consulta busca todos los productos en la tabla **`productos`** donde el campo **`precio`** es nulo. Esto permite identificar fácilmente los productos que no tienen un precio definido, lo que puede ser crítico para la gestión de inventario o actualizaciones de información.

Reto:

Crea una tabla llamada **`auto`** con las columnas **`id`**, **`marca`**, y **`modelo`**. Agrega algunos registros donde el campo **`modelo`** sea nulo para ciertos autos. Escribe una consulta que te permita encontrar los autos que no tienen un modelo definido.

5.12 Reto - Tipos de datos

¡Te invito a visitar el código QR para resolver un reto bonus! Escanea el código o visita el enlace para descubrir un desafío exclusivo que te permitirá poner a prueba tus conocimientos. ¡Buenas habilidades!

https://qrfy.io/p/92DAHolO2o

6

Agrupaciones

6.1 Agrupar

Agrupar en SQL es como organizar una biblioteca: decides clasificar los libros por género, y luego los cuentas para saber cuántos libros hay en cada categoría. De manera técnica, el comando **GROUP BY** permite agrupar filas que comparten valores en columnas específicas, facilitando la obtención de resúmenes o análisis sobre esos grupos.

Ejemplo:

```
-- Crear la tabla
CREATE TABLE usuarios_app (
    id INT,
    nombre VARCHAR(50),
    pais VARCHAR(50),
    ciudad VARCHAR(50),
    edad INT
);

-- Insertar algunos datos
INSERT INTO usuarios_app (id, nombre, pais, ciudad, edad)
VALUES
(1, 'Ana', 'México', 'CDMX', 28),
(2, 'Luis', 'Colombia', 'Bogotá', 35),
(3, 'Carlos', 'México', 'Guadalajara', 22),
(4, 'Sofía', 'Argentina', 'Buenos Aires', 30),
(5, 'María', 'México', 'CDMX', 24),
(6, 'Pedro', 'Colombia', 'Medellín', 31);

-- Consulta para contar usuarios por país
SELECT pais, COUNT(*) AS cantidad
FROM usuarios_app
GROUP BY pais;
```

La consulta SQL selecciona el país y cuenta el número de usuarios en cada país, agrupando los resultados según la columna **pais**. La función **COUNT(*)** calcula el total de registros en cada grupo creado por **GROUP BY**.

Reto:
Escribe una consulta que cuente el número de usuarios por ciudad utilizando **GROUP BY**.

¡Aprovecha esta oportunidad para reforzar los conocimientos de la lección con un video bonus exclusivo! Escanea el código QR a continuación para acceder al video y profundizar en los temas aprendidos. ¡No te lo pierdas!

https://youtu.be/w2Zh9-5Ruiw

6.2 Condición sobre grupos

La cláusula "HAVING" en SQL se utiliza para filtrar resultados después de aplicar funciones de agregación, como contar o sumar. Mientras que "WHERE" filtra los datos antes de la agregación, "HAVING" lo hace después, permitiendo establecer condiciones sobre los resultados agregados.

Ejemplo:

```
SELECT pais, COUNT(*) AS cantidad
FROM usuarios_app
GROUP BY pais
HAVING COUNT(*) > 1;
```

En este caso, la consulta agrupa los usuarios por país, y luego filtra los países que tienen más de un usuario registrado. La cláusula "HAVING" asegura que solo se incluyan aquellos países que cumplan con la condición de tener más de un usuario.

Reto:
Crea una consulta para contar los usuarios por ciudad, y utiliza "HAVING" para mostrar solo las ciudades donde hay más de un usuario.

6.3 Funciones Agregadas

Las **Funciones Agregadas** en SQL son como un chef que combina ingredientes para crear un platillo. Así como un chef mide y mezcla componentes para obtener un solo resultado delicioso, estas funciones permiten analizar múltiples registros en una base de datos para producir un único resultado significativo, facilitando la comprensión de grandes volúmenes de información.

Ejemplo:

```
SELECT pais, COUNT(*) FROM usuarios_app GROUP BY pais;
SELECT pais, AVG(edad) FROM usuarios_app GROUP BY pais;
SELECT pais, MIN(edad) FROM usuarios_app GROUP BY pais;
SELECT pais, MAX(edad) FROM usuarios_app GROUP BY pais;
SELECT pais, SUM(edad) FROM usuarios_app GROUP BY pais;
```

Estas sentencias agrupan los registros de la tabla **usuarios_app** utilizando GROUP BY según la columna **pais**. Luego, aplican diversas funciones agregadas: COUNT(*) cuenta el número de usuarios por país, **AVG(edad)** calcula la edad promedio, **MIN(edad)** determina la edad más baja, **MAX(edad)** identifica la edad más alta, y **SUM(edad)** suma todas las edades de los usuarios de cada país. Este proceso permite obtener una visión clara de las características y distribución de los usuarios agrupados por país.

Reto:
Crea una consulta que utilice AVG para calcular la edad promedio de todos los usuarios sin agruparlos, y luego usa COUNT para mostrar cuántos usuarios hay en la tabla.

6.4 Agrupar Distintos

Imagina que estás organizando una fiesta y necesitas saber cuántos amigos de diferentes países asistirán. Si cuentas a todos tus amigos, puede que tengas varias personas del mismo país. Para saber cuántos países diferentes estarán representados, debes agrupar a tus amigos según su nacionalidad. Esto es análogo a lo que hace la cláusula **DISTINCT** en SQL, que nos ayuda a eliminar las repeticiones en los resultados y a obtener solo los distintos. **DISTINCT** es una herramienta que permite filtrar los datos, mostrándonos solo las entradas únicas de una columna, ayudando a clarificar la información, especialmente en conjuntos de datos grandes que pueden contener duplicados.

Ejemplo:

```
SELECT DISTINCT pais FROM usuarios_app;
SELECT COUNT(DISTINCT pais) FROM usuarios_app;
```

El código anterior primero extrae los países únicos de la tabla **usuarios_app** y luego cuenta cuántos países diferentes hay en total, eliminando cualquier duplicación de resultados en el proceso.

Reto:
Consulta la tabla usuarios_app y utiliza DISTINCT para obtener una lista de los diferentes nombres de las ciudades de los usuarios, y cuenta cuántas ciudades distintas hay.

6.5 Agrupaciones avanzadas

Organizar un torneo de juegos de mesa es como manejar un conjunto de datos en SQL: cada juego representa un grupo, y la cantidad de amigos en cada uno refleja los registros de tu base de datos. Las agrupaciones avanzadas en SQL permiten analizar los datos dividiéndolos en categorías y proporcionando resúmenes útiles, como el puntaje promedio o la suma total por cada grupo. Utilizando funciones como SUM() y AVG() en combinación con GROUP BY, puedes extraer información valiosa sobre el rendimiento de cada grupo.

Ejemplo:

```sql
-- Crear la tabla
CREATE TABLE torneo (
    id INT,
    jugador VARCHAR(50),
    juego VARCHAR(50),
    puntuacion INT
);

-- Insertar datos
INSERT INTO torneo (id, jugador, juego, puntuacion)
VALUES
(1, 'Ana', 'Ajedrez', 85),
(2, 'Luis', 'Ajedrez', 92),
(3, 'Carlos', 'Tetris', 78),
(4, 'Sofía', 'Tetris', 88),
(5, 'Pedro', 'Mario Kart', 95),
(6, 'María', 'Mario Kart', 89);

-- Consulta con AVG agrupada por juego
SELECT juego,
    AVG(puntuacion) AS puntuacion_promedio
FROM torneo
GROUP BY juego;
```

Este código obtiene el puntaje promedio de cada juego en el torneo, agrupando los resultados por el nombre del juego. El resultado te mostrará cada juego junto con el puntaje promedio de los amigos que compiten en él.

Reto:
Crea una tabla llamada `competencia` con las columnas `jugador` y `puntos`, agrega datos y escribe una consulta que muestre la suma total de puntos por jugador.

6.6 Reto - Agrupaciones

¡Te invito a visitar el código QR para resolver un reto bonus! Escanea el código o visita el enlace para descubrir un desafío exclusivo que te permitirá poner a prueba tus conocimientos. ¡Buenas habilidades!

https://qrfy.io/p/PG-xuQU7NA

7

Tablas y esquemas

7.1 Crear

Imagina que estás construyendo una estantería para organizar libros. Antes de colocar los libros, necesitas definir cómo será la estantería y qué espacio ocupará cada libro. En SQL, el comando **CREATE TABLE** funciona como esa estantería, estableciendo un esquema para que tus datos se almacenen de manera ordenada y estructurada.

Ejemplo:

```
CREATE TABLE prueba (
    numero INT,
    texto TEXT
);
```

Este comando define una tabla llamada **prueba**, en la que se especifican dos columnas: **numero**, que podrá almacenar valores enteros (**INT**), y **texto**, que permitirá cadenas de texto (**TEXT**). Al ejecutarse, crea una nueva estructura en la base de datos lista para recibir datos en esos formatos.

Reto:
Crea una nueva tabla llamada **cursos** que tenga una columna para **id** (entero) y otra columna para **nombre** (texto).

¡Aprovecha esta oportunidad para reforzar los conocimientos de la lección con un video bonus exclusivo! Escanea el código QR a continuación para acceder al video y profundizar en los temas aprendidos. ¡No te lo pierdas!

https://youtu.be/44uiltYadUY

7.2 Drop

Imagina que tienes una caja de juguetes en tu casa y decides deshacerte de ella solo si no contiene nada importante. En SQL, la instrucción "DROP" funciona de manera similar; elimina de forma permanente una tabla de la base de datos. Usar "DROP TABLE IF EXISTS" te permite asegurarte de que solo eliminarás la tabla si realmente está ahí, evitando errores innecesarios.

Ejemplo:

```
DROP TABLE IF EXISTS prueba;
```

Este comando elimina la tabla llamada 'prueba' si existe en la base de datos; si no está presente, la operación se omite sin generar errores.

Reto:
Crea un comando que elimine una tabla llamada 'clientes' solo si existe.

7.3 Copiar

Imagina que tienes una caja llena de cartas y quieres pasar todas esas cartas a un álbum de fotos. La instrucción "COPY" en SQL es como usar un dispositivo que te ayuda a transferir automáticamente todas esas cartas al álbum sin tener que hacerlo una por una. Técnicamente, "COPY" permite importar datos de un archivo a una tabla en tu base de datos, facilitando la gestión de grandes volúmenes de información de manera rápida y eficiente.

Ejemplo:

```
id,nombre,edad,carrera
1,Juan Pérez,20,Ingeniería de Sistemas
2,Ana Gómez,22,Matemáticas
3,Carlos Rodríguez,21,Ingeniería Ambiental
4,María Fernández,23,Física
CREATE TABLE alumnos (
    id SERIAL PRIMARY KEY,
    nombre VARCHAR(100),
    edad INT,
    carrera VARCHAR(100)
);

COPY alumnos FROM '/home/usuario/Documentos/alumnos.csv'
DELIMITER ',' CSV HEADER;
```

Este código importa los datos del archivo 'estudiantes.csv' directamente a la tabla 'alumnos' en tu base de datos. Es fundamental que el archivo esté correctamente formateado, use comas como separador (**,**), y que incluya una fila de encabezado (**HEADER**). Además, debes tener los permisos necesarios para leer archivos desde el servidor. De lo contrario, la operación fallará. Si encuentras problemas de permisos, puedes usar pgAdmin para importar el archivo manualmente: haz clic derecho sobre la tabla, selecciona **Import/ Export Data**, elige la opción "Import", selecciona tu archivo CSV, asegúrate de marcar **Header**, configura el delimitador como coma (**,**), revisa que las columnas estén bien mapeadas, y haz clic en "OK" para completar la importación.

Reto:

Crea un archivo CSV con datos ficticios de estudiantes y utiliza la instrucción COPY o la herramienta de importación de pgAdmin para cargarlos a una tabla que hayas creado previamente en tu base de datos.

7.4 Nulo

Imagina que estás organizando un evento y necesitas una lista de asistentes. Algunos asistentes son confirmados, mientras que otros pueden no asistir y no lo sabes con certeza. Esto es análogo a cómo se manejan los valores nulos en SQL. Un valor **NULL** indica que un campo carece de datos, similar a dejar en blanco el lugar de un asistente que aún no confirmó su presencia.

Ejemplo:

```
CREATE TABLE asistentes (
    identificador int NOT NULL,
    nombre text NOT NULL,
    email text,
    telefono text
);
```

Este código crea una tabla llamada **asistentes**, donde las columnas **identificador** y **nombre** están definidas como **NOT NULL**, lo que significa que se requiere un valor para esas columnas al insertar datos. Si se omite uno de estos valores, SQL generará un error. Las columnas **email** y **telefono** son opcionales, permitiendo que se inserten filas sin datos en estas columnas.

Reto:
Crea una nueva tabla para almacenar información de libros, asegurándote de que al menos dos columnas sean **NOT NULL** y una sea opcional.

7.5 Restricciones

Las "restricciones" en SQL son como las reglas en un juego de ajedrez: guían las jugadas permitidas para asegurar un desarrollo ordenado y coherente. De manera similar, las restricciones en SQL definen qué datos pueden insertarse en una base de datos, asegurando que solo la información correcta y válida sea aceptada. Estas reglas, como UNIQUE o NOT NULL, son fundamentales para mantener la integridad de los datos, evitando que se introduzcan entradas conflictivas que puedan perjudicar las aplicaciones que utilizan esos datos.

Ejemplo:

```
CREATE TABLE prueba (
    id int UNIQUE NOT NULL,
    numero int DEFAULT 10,
    texto text NOT NULL
);

INSERT INTO prueba (id, numero, texto) VALUES (1, 5,
'texto');
```

Este código crea una tabla llamada 'prueba' con tres columnas: 'id', 'numero' y 'texto'. La columna 'id' está configurada con las restricciones UNIQUE y NOT NULL, lo que significa que cada valor debe ser único y no puede ser nulo. La columna 'numero' tiene un valor predeterminado de 10, y la columna 'texto' también tiene la restricción de no permitir valores nulos, garantizando que siempre contenga información válida.

Reto:
Crea una nueva tabla que contenga al menos dos columnas, una con restricción UNIQUE y otra con DEFAULT, asegurándote de que ambas no permitan valores nulos.

7.6 Alterar Esquema

Imagina que estás ajustando la distribución de los muebles en una habitación para que sea más funcional, sin la necesidad de construir un nuevo espacio. SQL utiliza el comando **ALTER TABLE** para realizar modificaciones en la estructura de una tabla existente, permitiendo agregar, eliminar o cambiar columnas y restricciones sin tener que crear una tabla desde cero.

Ejemplo:

```
ALTER TABLE prueba ADD buleano bool;

ALTER TABLE prueba ADD texto2 text DEFAULT
'predeterminado';

ALTER TABLE prueba ALTER COLUMN texto2 TYPE varchar;

ALTER TABLE prueba DROP COLUMN buleano, DROP COLUMN IF
EXISTS texto2;
```

Este conjunto de comandos modifica la tabla "prueba" de varias maneras: primero, añade una columna booleana llamada "buleano"; luego agrega "texto2" con un valor por defecto. A continuación, cambia el tipo de "texto2" a varchar y finalmente elimina las columnas "buleano" y, si existe, "texto2".

Reto:
Agrega una nueva columna llamada "fecha_creacion" de tipo date a la tabla "prueba", y establece la fecha actual como valor por defecto.

7.7 Vaciar

El comando TRUNCATE en SQL es como vaciar una piscina de un solo golpe, en lugar de sacar el agua balde por balde. Sirve para **eliminar todos los registros de una tabla de forma rápida y eficiente**, sin eliminar la estructura de la tabla. A diferencia de DELETE, no registra cada eliminación de forma individual, por lo que es mucho más veloz, aunque también más drástico: **no puedes deshacerlo fácilmente**.

Ejemplo:

```
TRUNCATE TABLE prueba;
```

Este código borra todos los registros con TRUNCATE TABLE. La tabla sigue existiendo, pero queda completamente vacía, lista para recibir nuevos datos sin perder su estructura ni sus columnas.

Reto:

Crea una tabla llamada `productos` con una columna `id` y una columna `nombre`. Inserta al menos tres productos distintos, y luego usa TRUNCATE para vaciar la tabla.

7.8 Reto - Tablas y esquemas

¡Te invito a visitar el código QR para resolver un reto bonus! Escanea el código o visita el enlace para descubrir un desafío exclusivo que te permitirá poner a prueba tus conocimientos. ¡Buenas habilidades!

https://qrfy.io/p/q8_xOpKOBH

8
Uniones

8.1 Joins

Los "Joins" en SQL son como una red de amigos que se conectan a través de otros amigos. Imagina que organizas una fiesta donde cada amigo trae a alguien más que también deseas conocer. En SQL, cada tabla representa un grupo de amigos, y los "Joins" permiten unir esa información para obtener una imagen completa, combinando datos de tablas relacionadas que comparten valores comunes.

Ejemplo:

```
SELECT * FROM productos
JOIN estudiantes
ON productos.id = estudiantes.id;
```

Este código selecciona todos los datos de la tabla **productos** y los combina con la tabla **estudiantes**, utilizando las columnas **id** de ambas tablas como clave común.

Reto:
Crea un JOIN entre dos tablas de tu base de datos, eligiendo solo algunas columnas y aplicando alias para facilitar la lectura del código.

¡Aprovecha esta oportunidad para reforzar los conocimientos de la lección con un video bonus exclusivo! Escanea el código QR a continuación para acceder al video y profundizar en los temas aprendidos. ¡No te lo pierdas!

https://youtu.be/9DLii1XMsvA

8.2 Relaciones entre tablas

Finalmente, aprenderás por qué a las bases de datos SQL se las llama *bases de datos relacionales*. Imagina que las tablas en una base de datos son como diferentes grupos de amigos en una universidad. Cada grupo tiene su propio enfoque: uno puede ser el grupo de matemáticas, otro el de arte, etc. Así como hay personas que pertenecen a varios grupos, en SQL las *relaciones entre tablas* permiten vincular información entre diferentes conjuntos de datos.

Existen varios tipos de relaciones, cada una con una función específica:

- **Uno a uno (1:1):** Cada registro de una tabla se relaciona con un solo registro de otra tabla.

- **Uno a muchos (1:N):** Un registro de una tabla puede estar relacionado con varios registros de otra tabla.

- **Muchos a muchos (N:M):** Varios registros de una tabla pueden estar relacionados con varios registros de otra tabla, generalmente a través de una tabla intermedia.

Estas relaciones permiten organizar los datos de forma eficiente y realizar consultas complejas que integren información dispersa en distintas tablas.

Ejemplo:

```
-- Borra la tabla 'clientes' si ya existe
DROP TABLE IF EXISTS clientes;

-- Crea la tabla 'clientes'
CREATE TABLE clientes (
    id INT PRIMARY KEY,
    nombre VARCHAR(100)
);

-- Crea la tabla 'pedidos'
CREATE TABLE pedidos (
    id INT PRIMARY KEY,
    cliente_id INT,
    FOREIGN KEY (cliente_id) REFERENCES clientes(id) --
Relación
);

-- Agrega dos clientes
INSERT INTO clientes (id, nombre) VALUES (1, 'Juan');
INSERT INTO clientes (id, nombre) VALUES (2, 'Ana');

-- Agrega pedidos
INSERT INTO pedidos (id, cliente_id) VALUES (1, 1);
INSERT INTO pedidos (id, cliente_id) VALUES (2, 1);
INSERT INTO pedidos (id, cliente_id) VALUES (3, 2);

-- Muestra los pedidos de Juan
SELECT clientes.nombre, pedidos.id
FROM clientes
JOIN pedidos ON clientes.id = pedidos.cliente_id
WHERE clientes.nombre = 'Juan';
```

Este código crea las tablas `clientes` y `pedidos`, estableciendo una relación de uno a muchos mediante una *clave foránea*, donde un cliente puede tener múltiples pedidos. Luego, se insertan dos clientes, y asociados a ellos varios pedidos. Finalmente, la consulta recoge y muestra todos los pedidos realizados por Juan, evidenciando la relación entre las tablas.

Reto:

Crea dos tablas: `estudiantes` y `materias`. Define una relación donde un estudiante puede estar inscrito en varias materias, inserta al menos un estudiante y una materia, y realiza una consulta para mostrar las materias que cursa el estudiante.

8.3 Integridad referencial y restricciones avanzadas

Imagina una pista de baile donde solo pueden entrar aquellos que tienen una invitación. Si alguien intenta ingresar sin ella, la seguridad lo detiene. En este contexto, la pista de baile representa una base de datos, y la invitación es similar a una clave foránea que establece reglas sobre quién puede acceder a qué información. La integridad referencial en SQL garantiza que existan relaciones válidas entre las tablas, asegurando que datos inconsistentes o erróneos no perturben la estructura de la base de datos.

Ejemplo:

```
CREATE TABLE pedidos (
    id_pedido INT PRIMARY KEY,
    id_cliente INT,
    CONSTRAINT fk_cliente FOREIGN KEY (id_cliente)
REFERENCES clientes(id_cliente)
);
```

Este código define una tabla llamada **pedidos** con una clave foránea **id_cliente**, que está vinculada a **id_cliente** de la tabla **clientes**. Esto significa que un pedido solo podrá asociarse a un cliente que ya existe en la tabla correspondiente, previniendo la creación de pedidos para clientes no registrados.

Reto:

Crea una tabla llamada **articulos** con las columnas **id_articulo** (INT, clave primaria), **titulo** (VARCHAR, NOT NULL) y **id_categoria** (INT). Luego, crea una tabla **categorias** con **id_categoria** (INT, clave primaria) y **nombre_categoria** (VARCHAR, NOT NULL). Establece una clave foránea en **articulos.id_categoria** que haga referencia a **categorias.id_categoria**, garantizando así la integridad referencial entre ambas tablas.

8.4 Diferencias entre los tipos de joins

Organizar una fiesta e invitar a dos grupos de amigos es como combinar datos en SQL. Imagina que tienes la lista de amigos de la universidad y la del vecindario; las uniones (**JOIN**) en SQL te permiten fusionar estas listas según quiénes confirmaron asistencia. Existen diferentes tipos de uniones que ofrecen diversas formas de ver cómo se interrelacionan los datos:

- **INNER JOIN**: muestra solo los registros que tienen coincidencias en ambas tablas.
- **LEFT JOIN** (o **LEFT OUTER JOIN**): incluye todos los registros de la tabla de la izquierda, aunque no tengan coincidencias en la tabla de la derecha.
- **RIGHT JOIN** (o **RIGHT OUTER JOIN**): incluye todos los registros de la tabla de la derecha, aunque no tengan coincidencias en la tabla de la izquierda.
- **FULL OUTER JOIN**: muestra todos los registros de ambas tablas, coincidan o no.

Ejemplo:

```
-- INNER JOIN: productos con ventas
SELECT Productos.Nombre_Producto, Ventas.ID_Venta
FROM Productos
INNER JOIN Ventas ON Productos.ID_Producto = Ventas.ID_
Producto;

-- LEFT JOIN: todos los productos, aunque no tengan
ventas
SELECT Productos.Nombre_Producto, Ventas.ID_Venta
FROM Productos
LEFT JOIN Ventas ON Productos.ID_Producto = Ventas.ID_
Producto;

-- RIGHT JOIN: todas las ventas, incluso si el producto
no existe
SELECT Productos.Nombre_Producto, Ventas.ID_Venta
FROM Productos
RIGHT JOIN Ventas ON Productos.ID_Producto = Ventas.ID_
Producto;

-- FULL OUTER JOIN: todos los productos y todas las
ventas
SELECT Productos.Nombre_Producto, Ventas.ID_Venta
FROM Productos
FULL OUTER JOIN Ventas ON Productos.ID_Producto = Ventas.
ID_Producto;
```

Este fragmento de código muestra cómo se utilizan diferentes tipos de uniones (`JOIN`) en SQL para combinar datos de las tablas **`Productos`** y **`Ventas`** según el campo común **`ID_Producto`**. El **`INNER JOIN`** devuelve solo los productos que tienen por lo menos una venta registrada, pues requiere coincidencias en ambas tablas. El **`LEFT JOIN`**, por su parte, muestra todos los productos aunque no se hayan vendido, dejando los campos de ventas como **`NULL`** si no hay coincidencia. El **`RIGHT JOIN`** hace lo opuesto: muestra todas las ventas, incluso si el producto relacionado no existe en la tabla de productos. Finalmente, el **`FULL OUTER JOIN`** une ambos enfoques, mostrando todos los productos y todas las ventas, incluyendo aquellos que no tienen correspondencia en la otra tabla. Este tipo de consultas es fundamental para analizar relaciones entre entidades y detectar datos faltantes en cualquiera de las tablas.

Si solo usas `JOIN` sin especificar el tipo, SQL por defecto aplica un **`INNER JOIN`**. Esto significa que solo se mostrarán los registros que tengan coincidencias en ambas tablas. Es decir, si un producto no tiene ventas asociadas, o si una venta no tiene un producto correspondiente, esos registros no aparecerán en el resultado. De esta forma, el `JOIN` se comporta igual que un **`INNER JOIN`**, mostrando solo las filas con coincidencias entre las tablas.

Reto:

Crea dos tablas: `Productos` y `Ventas`. La tabla `Productos` debe tener columnas `ID_Producto` y `Nombre_Producto`, y la tabla `Ventas` debe incluir `ID_Venta` y `ID_Producto`. Luego, escribe una consulta SQL que use un `LEFT JOIN` para mostrar todos los productos y las ventas realizadas, incluso si algunos productos no tienen ventas.

8.5 Unión

Imagina que estás organizando un evento y necesitas juntar listas de invitados de distintas fuentes, como amigos y colegas. La unión en SQL es como combinar esas listas en una sola, asegurándote de que cada persona aparezca solo una vez, sin importar cuántas veces es mencionada. Técnicamente, esto se logra usando la cláusula **UNION**, que permite seleccionar filas de diferentes consultas y fusionarlas en un conjunto de resultados.

Ejemplo:

```
SELECT nombre FROM estudiantes
UNION
SELECT nombre FROM usuarios;
```

Este código selecciona los nombres de las tablas **estudiantes** y **usuarios**, y devuelve un conjunto de resultados que incluye solo los nombres únicos presentes en ambas tablas, eliminando duplicados.

Reto:

Crea dos tablas: una de **profesores** con columnas **id** y **nombre** y otra de **materias** con columnas **id** y **nombre**. Luego, utiliza **UNION** para obtener una lista de nombres únicos de ambas tablas.

8.6 Joins avanzados

Imagina un rompecabezas: cada pieza representa una tabla en una base de datos y solo cuando se ensamblan correctamente se revela la imagen completa. En SQL, las "uniones" permiten combinar filas de múltiples tablas basadas en columnas compartidas, similar a la forma en que las piezas de un rompecabezas encajan para formar un todo coherente. La cláusula `JOIN` actúa como la mano que encaja estas piezas, facilitando la conexión entre los datos para obtener una visión integral.

Ejemplo:

```
SELECT u.usuario, p.nombre, v.fecha FROM ventas AS v
    INNER JOIN productos AS p ON v.producto_id = p.id
    INNER JOIN usuarios AS u ON v.usuario_id = u.id;
```

Este código selecciona los nombres de los usuarios, los productos y las fechas de las ventas al unir las tablas **`ventas`**, **`productos`** y **`usuarios`** a través de sus columnas de identificación coincidentes. El resultado será un conjunto que muestra la relación entre las ventas, los clientes y los productos, pero solo donde se encuentran coincidencias en las tablas.

Reto:
Escribe una consulta SQL que use `INNER JOIN` para unir las tablas `clientes` y `ordenes`, mostrando el `nombre` del cliente y la `fecha` de la orden.

8.7 Unión en la misma tabla

Imagina que tienes un club de lectura donde algunos miembros también son los coordinadores de actividades. Si deseas ver una lista completa que incluya a todos los miembros y sus respectivos coordinadores, debes relacionar la información de los diferentes roles dentro del club. Esto es similar a cómo funciona la unión en la misma tabla en SQL, conocida como "self join": conectamos filas de una misma tabla basándonos en relaciones internas para obtener un panorama integral sin duplicados.

Ejemplo:

```
SELECT e1.Nombre AS Empleado, e2.Nombre AS Jefe
FROM Empleados AS e1
JOIN Empleados AS e2 ON e1.Jefe_ID = e2.ID;
```

Este código realiza una auto-unión de la tabla **`Empleados`**, permitiendo mostrar el nombre de cada empleado junto al nombre de su jefe, al vincular el `Jefe_ID` de un empleado con el `ID` del correspondiente jefe.

Reto:
Crea una tabla llamada `Colegios` con las columnas `ID`, `Nombre` y `Director_ID`. Agrega algunos registros y realiza una consulta usando unión en la misma tabla para mostrar el nombre de cada colegio junto con su director.

8.8 Reto - Uniones

¡Te invito a visitar el código QR para resolver un reto bonus! Escanea el código o visita el enlace para descubrir un desafío exclusivo que te permitirá poner a prueba tus conocimientos. ¡Buenas habilidades!

https://qrfy.io/p/hlZRutNPiS

9

Transacciones

9.1 Orden de cláusulas

Imagina que estás organizando una fiesta: primero decides cuántos amigos invitar (esto es como el **SELECT**), luego eliges el lugar (el **FROM**), filtras a los que cumplen ciertos requisitos (el **WHERE**), y finalmente organizas a los invitados según algún criterio (el **GROUP BY** y **HAVING**). Después los ordenas (**ORDER BY**) y, si es necesario, limitas el número de personas (**LIMIT**).

Este orden es obligatorio para que la consulta SQL funcione correctamente y de forma eficiente.

Ejemplo:

```
SELECT nombre, COUNT(*)
FROM empleados
WHERE salario > 50000
GROUP BY nombre
HAVING COUNT(*) > 1
ORDER BY nombre DESC
LIMIT 10;
```

El código SQL proporcionado selecciona los nombres de los empleados, y cuenta cuántos registros existen para cada nombre, pero solo incluye aquellos empleados cuyo salario es mayor a 50,000. Luego, agrupa los resultados por el nombre del empleado, y solo muestra aquellos nombres que tienen más de un registro, gracias a la cláusula HAVING. Después, ordena los resultados alfabéticamente de forma descendente por el nombre del empleado y, finalmente, limita los resultados a los primeros 10 registros utilizando la cláusula `LIMIT`. Este ejemplo muestra cómo combinar las cláusulas en un orden lógico para obtener los resultados deseados de manera eficiente.

Reto:

Escribe una consulta SQL que recupere los 5 productos con más ventas de una tabla `productos`, ordenados de mayor a menor, y que solo muestre los productos con más de 100 unidades vendidas.

9.2 Transacción

Imagina que estás organizando una cena con varios platillos; no querrías servir el postre a menos que todos los platillos estén listos. En este contexto, la acción de servir cada platillo es una unidad inseparable; deben servirse todos juntos o no servir ninguno. De manera similar, en SQL, las transacciones aseguran que un grupo de operaciones se realice de forma conjunta, manteniendo la integridad de la base de datos.

Este comportamiento se basa en el principio **ACID**, que describe las propiedades fundamentales que debe cumplir una transacción para garantizar la confiabilidad de la base de datos:

- **Atomicidad**: todas las operaciones dentro de la transacción se ejecutan por completo o no se ejecuta ninguna.
- **Consistencia**: la base de datos pasa de un estado válido a otro también válido.
- **Aislamiento**: las transacciones concurrentes no interfieren entre sí.
- **Durabilidad**: una vez que una transacción se confirma, sus efectos persisten incluso si ocurre un fallo del sistema.

Ejemplo:

```
BEGIN;
DELETE FROM logros WHERE id = 1;
DELETE FROM metas WHERE id = 1;
DELETE FROM cuentas WHERE id = 1;
COMMIT;
```

Este bloque de código inicia una transacción con **BEGIN**, elimina un registro de las tablas **logros**, **metas** y **cuentas** y, si todas las operaciones son exitosas, se confirma el proceso con **COMMIT**, lo que asegura que los cambios se apliquen en la base de datos. Si ocurre un error en alguna de las instrucciones, puedes usar **ROLLBACK** para deshacer todos los cambios.

Reto:
Crea una transacción que elimine un usuario y sus datos asociados en dos tablas diferentes, utilizando BEGIN, DELETE y COMMIT.

¡Aprovecha esta oportunidad para reforzar los conocimientos de la lección con un video bonus exclusivo! Escanea el código QR a continuación para acceder al video y profundizar en los temas aprendidos. ¡No te lo pierdas!

https://youtu.be/uX0tGj5uFP4

9.3 Concurrencia

Imagina que tú y varios amigos están editando un mismo documento al mismo tiempo. Si todos cambian cosas sin coordinarse, el resultado puede ser un desastre. Lo mismo pasa en una base de datos cuando varias personas (o procesos) intentan modificar datos al mismo tiempo: eso se llama **concurrencia**.

Mientras que una **transacción** se asegura de que un conjunto de acciones se complete en conjunto o no se haga nada, la **concurrencia** se encarga de que muchas transacciones puedan ejecutarse al mismo tiempo, sin pisarse entre ellas ni causar errores.

Para manejar esto, las bases de datos usan algo llamado **niveles de aislamiento**. Es como decidir qué tanto confías en los cambios que otras personas están haciendo mientras tú trabajas. Hay varios niveles:

- `READ UNCOMMITTED`: puedes ver hasta los cambios que otros todavía no han confirmado. Muy rápido, pero arriesgado.
- `READ COMMITTED`: solo ves datos que ya fueron confirmados. Es el más común.
- `REPEATABLE READ`: si lees un dato, nadie puede cambiarlo hasta que termines tu transacción.
- `SERIALIZABLE`: el más estricto. Es como si fueras el único trabajando en la base de datos.

Ejemplo:

```
-- Ver el nivel de aislamiento actual
SHOW TRANSACTION ISOLATION LEVEL;

-- Establecer un nivel de aislamiento para esta sesión

SET TRANSACTION ISOLATION LEVEL REPEATABLE READ;

-- Ejecutar una transacción con control de concurrencia

BEGIN TRANSACTION ISOLATION LEVEL SERIALIZABLE;
UPDATE inventario SET cantidad = cantidad - 1 WHERE
producto = 'manzanas';
INSERT INTO ventas (producto, cantidad) VALUES
('manzanas', 1);
COMMIT;
```

En este ejemplo, primero vemos cuál es el nivel de aislamiento que está usando la base de datos. Luego lo cambiamos a **REPEATABLE READ** para nuestra sesión. Finalmente, hacemos una transacción que descuenta una manzana del inventario y registra la venta, usando **SERIALIZABLE** para evitar que alguien más interfiera mientras tanto.

Reto:

Crea una transacción que actualice el precio de un producto y registre la modificación en una tabla de historial de precios, usando un nivel de aislamiento adecuado.

9.4 Rendimiento

El rendimiento en SQL es como la eficiencia de una app en tu celular: nadie quiere esperar 10 segundos para que cargue una pantalla. En bases de datos, rendimiento refiere a que las consultas se ejecuten rápido y usen pocos recursos. Si una consulta es lenta o ineficiente, puede saturar el sistema y afectar a todos los usuarios. A diferencia de una **transacción**, que asegura que un grupo de operaciones se haga completo o nada, y de la **concurrencia**, que permite múltiples transacciones al mismo tiempo sin conflictos, el rendimiento se enfoca en hacer todo más eficiente.

Ejemplo:

```
BEGIN;
UPDATE balances SET balance = balance - 100.00 WHERE
usuario = 'Jeff Bezos';
UPDATE balances SET balance = balance + 100.00 WHERE
usuario = 'Elon Musk';
COMMIT;
```

Este ejemplo transfiere $100 de 'Jeff Bezos' a 'Elon Musk'. Al agrupar ambas actualizaciones en una única transacción, evitamos hacer dos operaciones separadas, lo que mejora el rendimiento al reducir el número de interacciones con la base de datos. Menos consultas significa menos trabajo para el sistema, lo que resulta en una ejecución más rápida y eficiente.

Reto:

Escribe una consulta que mueva $50 de 'Alice' a 'Bob' usando una sola instrucción **UPDATE** dentro de una transacción.

9.5 Revertir parcialmente

La funcionalidad de "revertir" en SQL se asemeja a tener un botón de deshacer en un editor de texto. Así como puedes deshacer una palabra mal escrita para restaurar el texto a su forma original, en SQL puedes revertir transacciones para deshacer cambios no deseados en tus datos. Esto se realiza a través de puntos de guardado y operaciones de reversión, permitiendo mantener la integridad en la manipulación de datos.

Ejemplo:

```
BEGIN;
UPDATE cuentas SET saldo = saldo - 100 WHERE usuario =
'Pedro';
SAVEPOINT A;
UPDATE cuentas SET saldo = saldo + 100 WHERE usuario =
'Juan';
ROLLBACK TO SAVEPOINT A;
COMMIT;
```

Este código es un ejemplo clásico de cómo usar **SAVEPOINT** y **ROLLBACK TO** para revertir parcialmente una transacción. Aquí, la primera actualización reduce el saldo de 'Pedro', y se crea un punto de guardado justo después de esta operación. La segunda actualización intenta aumentar el saldo de 'Juan', pero, si algo sale mal, revertimos solo esa operación y mantenemos el cambio de 'Pedro'. Finalmente, **COMMIT** confirma lo que se hizo correctamente.

Reto:

Crea una transacción que reduzca el saldo de un nuevo usuario y utiliza un SAVEPOINT. Luego, revierte la segunda operación con ROLLBACK TO.

9.6 Deadlocks y estrategias para evitarlos

Imagina que en una fiesta hay solo una caja de pizza y dos amigos, Alex y Sam, intentan sacar una pizza al mismo tiempo, bloqueándose mutuamente. En SQL, un *deadlock* ocurre cuando dos transacciones esperan por recursos bloqueados por otras, creando un ciclo de espera. Esto impide que las transacciones se completen. Para manejar los *deadlocks*, los sistemas de bases de datos pueden cancelar una transacción y permitir que las otras continúen. La clave para evitarlos es asegurarse de que las transacciones bloqueen los recursos en el mismo orden y mantengan los bloqueos por poco tiempo.

Ejemplo:

```
BEGIN TRANSACTION;
UPDATE cuentas SET saldo = saldo - 100 WHERE id = 1;  --
Transacción A
BEGIN TRANSACTION;
UPDATE cuentas SET saldo = saldo + 100 WHERE id = 2;  --
Transacción B
COMMIT;
```

En este caso, ambas transacciones intentan acceder a recursos bloqueados mutuamente, lo que puede causar un *deadlock*. Estas son algunas estrategias para evitar deadlocks:

- **Orden consistente al bloquear recursos**: Bloquea siempre los recursos en el mismo orden para evitar ciclos de espera.
- **Reducir la duración de los bloqueos**: Completa las transacciones rápido para liberar recursos lo antes posible.
- **Usa los niveles de aislamiento adecuados**: Elige el nivel de aislamiento correcto para controlar cuándo se bloquean los recursos.
- **Monitorea y maneja los deadlocks automáticamente**: Las bases de datos pueden detectar deadlocks y cancelar transacciones, aunque esto puede afectar el rendimiento.

Reto:

Soluciona este *deadlock* separando las transacciones en dos partes que no se bloqueen mutuamente, asegurando que se sigan las estrategias recomendadas.

9.7 Reto - Transacciones

¡Te invito a visitar el código QR para resolver un reto bonus! Escanea el código o visita el enlace para descubrir un desafío exclusivo que te permitirá poner a prueba tus conocimientos. ¡Buenas habilidades!

https://qrfy.io/p/vCmZhpCVWo

10

Complementos

10.1 Gatillos

Los "Gatillos" o "Triggers" en SQL son como un sistema de alarmas que se dispara automáticamente cuando ocurre un evento específico, similar a una alarma que se activa al detectar movimiento. Técnicamente, los gatillos permiten ejecutar acciones predefinidas en la base de datos cuando se llevan a cabo operaciones como INSERT, UPDATE o DELETE en una tabla determinada.

Ejemplo:

```
CREATE TABLE empleados (
    empleado text PRIMARY KEY,
    salario integer
);

INSERT INTO empleados (empleado, salario) VALUES
('David Lebón', 100);

CREATE TABLE auditoria_empleados (
    operación char(1) NOT NULL,
    momento timestamp NOT NULL,
    usuario text NOT NULL,
    empleado text NOT NULL,
    salario integer
);
```

```
CREATE OR REPLACE FUNCTION auditar() RETURNS
TRIGGER AS $auditar_empleados$
    BEGIN
          IF (TG_OP = 'DELETE') THEN
                INSERT INTO auditoria_empleados
SELECT 'D',
now(), empleado, OLD.*;
          ELSIF (TG_OP = 'UPDATE') THEN
                INSERT INTO auditoria_empleados
SELECT 'U', now(), empleado, NEW.*;
          ELSIF (TG_OP = 'INSERT') THEN
                INSERT INTO auditoria_empleados
SELECT 'I', now(), empleado, NEW.*;
          END IF;
          RETURN NULL;
    END;
$auditar_empleados$ LANGUAGE plpgsql;

CREATE TRIGGER auditar_empleados
AFTER INSERT OR UPDATE OR DELETE ON empleados
    FOR EACH ROW EXECUTE FUNCTION auditar();

INSERT INTO empleados (empleado, salario) VALUES
('Pedro Aznar', 100);
INSERT INTO empleados (empleado, salario) VALUES
('Oscar Moro', 100);
UPDATE empleados SET salario = 200 WHERE empleado
= 'David Lebón';
DELETE FROM empleados WHERE empleado = 'Pedro Aznar';
```

El bloque de código crea la tabla **empleados** y una tabla de auditoría llamada **auditoria_empleados** que registra las operaciones realizadas. La función **auditar** se activa en respuesta a las operaciones de inserción, actualización y eliminación sobre la tabla **empleados**, registrando la acción realizada, el momento y los datos respectivos del empleado en la tabla de auditoría. Así, se pueden rastrear todos los cambios efectuados.

Reto:
Crea un gatillo que registre en la tabla de auditoría cada vez que se inserte un nuevo empleado en la tabla 'empleados'.

¡Aprovecha esta oportunidad para reforzar los conocimientos de la lección con un video bonus exclusivo! Escanea el código QR a continuación para acceder al video y profundizar en los temas aprendidos. ¡No te lo pierdas!

https://youtu.be/hFSM-bBS4kE

■ 10.2 Subselecciones

Imagina que tienes una caja dentro de otra caja más grande. La caja pequeña representa una subselección, que contiene datos específicos filtrados antes de ser utilizados en una consulta principal, que sería la caja más grande. En SQL, al igual que buscas en la caja grande utilizando contenido de la caja pequeña, puedes emplear una subconsulta para manejar datos específicos dentro de una consulta más amplia.

Ejemplo:

```
SELECT * FROM
    (SELECT id, nombre AS producto FROM productos WHERE
precio_usd > 100) AS p
    INNER JOIN usuarios
    ON p.id = usuarios.id;
```

Este código realiza una subconsulta que selecciona los identificadores y nombres de productos con un precio superior a 100. Luego, combina esos resultados con la tabla de "usuarios" mediante una unión interna basada en el identificador.

Reto:
Crea una subconsulta que seleccione todos los productos cuyo precio sea menor a 50 y luego úsalos para hacer una unión con otra tabla que contenga información sobre proveedores.

10.3 Vistas

Imagina que tienes una estantería repleta de libros, pero solo lees algunos de ellos con frecuencia. En lugar de organizar toda la estantería cada vez que buscas un libro, decides crear una pequeña selección de tus títulos favoritos en una caja al alcance. Las Vistas en SQL funcionan de manera similar, pues recopilan y presentan solo la información más relevante de varias tablas, facilitando su acceso sin duplicar los datos.

Ejemplo:

```
CREATE VIEW productos100 AS
    SELECT id, nombre AS producto FROM productos WHERE
precio_usd > 100;

SELECT * FROM productos100 AS p
    INNER JOIN usuarios
    ON p.id = usuarios.id;

DROP VIEW IF EXISTS productos100;
```

Este código crea una vista llamada **productos100**, que recoge los campos **id** y **nombre** (renombrado como **producto**) de los productos cuyo **precio_usd** supera los 100. Luego, ejecuta una consulta sobre esta vista, combinando los datos con la tabla **usuarios** mediante el campo **id**. Finalmente, se elimina la vista **productos100** si existía previamente.

Reto:
Crea una vista que incluya solo los productos cuya **cantidad** sea mayor a 10, y realiza una consulta para conectar esos datos con la tabla de órdenes.

10.4 Indices

Los índices en SQL son como el índice de un libro, ya que te permiten encontrar información específica sin tener que revisar todo el contenido.

Técnicamente, un índice es una estructura de datos que mejora la velocidad de las operaciones de búsqueda dentro de una tabla, organizando los datos de modo que el sistema de gestión de bases de datos pueda acceder a ellos de manera más eficiente, especialmente en tablas grandes.

Ejemplo:

```
CREATE INDEX idx_nombre
ON empleados (nombre);
```

Este código crea un índice llamado **idx_nombre** en la columna **nombre** de la tabla **empleados**. Al hacerlo, se permite que el motor de la base de datos busque registros basados en el campo **nombre** de forma más rápida, lo que puede reducir considerablemente el tiempo de ejecución de consultas que se filtran por ese campo.

Reto:
Crea un índice para la columna **apellido** en la tabla **empleados** y luego realiza una consulta que lo utilice.

10.5 Procedimientos almacenados y funciones

Imagina que eres un chef en un restaurante. Cada vez que un cliente hace un pedido, en lugar de recordar cada receta, simplemente abres un libro de recetas (procedimientos almacenados) y sigues los pasos para preparar el platillo. Las funciones son como utensilios de cocina que se usan para realizar tareas específicas, facilitando el trabajo. En SQL, los procedimientos almacenados son grupos de instrucciones que se ejecutan como una sola unidad, mientras que las funciones realizan tareas específicas y devuelven un valor. Ambos conceptos promueven la eficiencia y la reutilización del código.

Ejemplo:

```
-- Crear el procedimiento ObtenerUsuariosActivos
CREATE OR REPLACE PROCEDURE ObtenerUsuariosActivos()
LANGUAGE plpgsql
AS $$
BEGIN
    -- Contar cuántos usuarios están activos
    SELECT COUNT(*) AS UsuariosActivos
    FROM usuarios
    WHERE estado = 'activo';
END;
$$;

-- Llamar al procedimiento
CALL ObtenerUsuariosActivos();
```

Este procedimiento almacenado, **ObtenerUsuariosActivos**, cuenta la cantidad de usuarios cuyo estado es "activo" en la tabla **usuarios**. Al ejecutarlo, devolverá el número total de usuarios activos. La sintaxis de los procedimientos almacenados y las funciones puede variar entre diferentes motores de bases de datos. Por ejemplo, en PostgreSQL se usa **PL/pgSQL**, mientras que en MySQL la sintaxis y enfoque son diferentes.

Reto:
Crea un procedimiento almacenado llamado **ObtenerUsuarios** que devuelva todos los registros de una tabla llamada **usuarios**, asegurándote de utilizar una consulta que seleccione todos los datos de dicha tabla.

10.6 Eventos y Job

Imagina que tu base de datos es una estación de tren, donde los "Eventos" son los horarios de salida que indican cuándo los trenes deben partir hacia sus destinos. Los "Jobs", en este contexto, son los conductores que realizan el trabajo de llevar a los pasajeros a sus respectivas estaciones. Así como los eventos definen momentos específicos para que se realicen tareas, los jobs ejecutan acciones concretas en esos momentos, permitiendo una operación fluida y puntual sin necesidad de supervisión constante.

Ejemplo:

```
CREATE EVENT clean_logs
ON SCHEDULE EVERY 1 DAY
STARTS '2023-10-01 00:00:00'
DO
    DELETE FROM logs WHERE log_date < NOW() -
INTERVAL 30 DAY;

-- Soportado en MySQL y MariaDB, no en PostgreSQL
```

Este código crea un evento llamado `clean_logs` que se ejecuta diariamente a la medianoche para eliminar automáticamente los registros de logs que tienen más de 30 días de antigüedad.

Este código SQL está soportado en **MySQL** y **MariaDB**, pues ambos motores permiten la creación de eventos programados mediante la instrucción `CREATE EVENT`, la cláusula `ON SCHEDULE`, y el uso de funciones como `NOW()` junto con `INTERVAL`. Específicamente, esta funcionalidad requiere que el programador de eventos (`event_scheduler`) esté habilitado en el servidor. Otros motores como PostgreSQL o SQL Server no utilizan este enfoque para tareas programadas; en su lugar, se emplean soluciones externas como cron jobs o SQL Agent, respectivamente.

Reto:
Crea un evento que inserte la fecha y hora actual en una tabla llamada `auditoria` cada 10 minutos.

10.7 Seguridad en SQL

Imagina que una biblioteca tiene un sistema para controlar qué libros puede leer cada usuario. Algunos pueden solo mirar en los estantes, mientras que otros tienen permiso para llevarse un libro a casa. La **seguridad en SQL** funciona de manera similar: establece qué usuarios pueden acceder a ciertos datos, y qué acciones pueden realizar sobre ellos. Así, como en una biblioteca donde solo algunos pueden tomar prestados libros, en SQL se busca proteger la información para que solo los autorizados puedan acceder a ella

Ejemplo:

```
CREATE ROLE gerente;

GRANT SELECT, INSERT, UPDATE ON productos TO gerente;
GRANT DELETE ON productos TO gerente;

CREATE USER admin WITH PASSWORD 'admin123';
GRANT gerente TO admin;
```

Primero se crea el rol **gerente** y se le otorgan permisos de **SELECT**, **INSERT**, **UPDATE** y **DELETE** sobre la tabla **productos**. Luego, se crea el usuario **admin** con una contraseña y se le asigna el rol **gerente**, lo que le permite heredar todos los privilegios definidos en ese rol. Al conectarte a la base de datos con este rol, se heredan los permisos dados.

Reto:
Crea un rol llamado `lectores` y otórgale solo el permiso de lectura en una tabla llamada `clientes`. Luego, asigna ese rol a un usuario llamado `lector1`.

10.8 ORMs

Imagina que quieres comprar un videojuego en una tienda, pero no hablas el idioma del país donde está la tienda. Un ORM (Object-Relational Mapping) es como un traductor personal que te ayuda a comunicarte con los empleados para obtener el juego deseado sin entender el lenguaje técnico de la base de datos. Técnicamente, un ORM permite a los programadores interactuar con bases de datos relacionales utilizando objetos, lo que simplifica la manipulación de datos al abstraer la sintaxis SQL.

Ejemplo con Django ORM (uno de los más populares):

```
from django.db import models

class Usuario(models.Model):
    nombre = models.CharField(max_length=100)
    edad = models.IntegerField()

# Uso en una vista o script:
Usuario.objects.create(nombre='Juan', edad=25)
```

Este bloque define la clase **Usuario** como un modelo que representa una tabla de base de datos, y luego agrega un registro con el nombre "Juan" y edad 25. Este es solo un ejemplo; el código se ve distinto si usas otros ORMs como SQLAlchemy, Sequelize o Entity Framework, pero el objetivo es el mismo: interactuar con la base de datos de forma más simple.

Reto:

Crea un nuevo modelo de datos para una tabla de "películas" con las columnas `id`, `titulo`, y `director`, y agrega una película llamada "Inception" de director "Nolan" a tu base de datos usando el ORM que prefieras: Django ORM en Python, Sequelize en Node.js, o Entity Framework en .NET. Cada ORM tiene su propia sintaxis, pero todos te permiten evitar escribir SQL directamente.

10.9 Reto - Complementos

¡Te invito a visitar el código QR para resolver un reto bonus! Escanea el código o visita el enlace para descubrir un desafío exclusivo que te permitirá poner a prueba tus conocimientos. ¡Buenas habilidades!

https://qrfy.io/p/ljkrgH2_Te

11

Proyecto Mini Netflix: Sistema de Streaming

Imagina que estás organizando una enorme fiesta de películas en tu casa. Tienes un montón de películas diferentes, como acción, comedias, y documentales. Cada vez que un amigo llega, quiere saber qué películas tienes, y quieres asegurarte de que cada película tenga su propio espacio con información básica como el título, género y año de estreno. Aquí es donde entra el SQL, que actúa como el "organizador de la fiesta", manteniendo todo en orden y listo para que tus amigos elijan lo que quieran ver en cualquier momento. Con SQL, puedes preguntar por tus películas favoritas y asegurarte de que todos tengan una buena experiencia en la fiesta.

En este capítulo vas a construir un sistema básico de streaming tipo "Mini Netflix" utilizando únicamente SQL. Aprenderás a modelar una base de datos para una plataforma de películas, insertar datos y hacer consultas útiles como las que encontrarías en un producto real de streaming.

Trabajaremos con las siguientes tablas:

- `usuarios`: personas registradas en la plataforma.
- `peliculas`: catálogo de películas disponibles.
- `generos`: categorías como acción, comedia, drama.
- `visualizaciones`: quién vio qué película y cuándo.
- `ratings`: calificaciones de los usuarios.

Este es el esquema de la base de datos:

```
CREATE TABLE generos (
    id INT PRIMARY KEY,
    nombre VARCHAR(50)
);

CREATE TABLE peliculas (
    id INT PRIMARY KEY,
    titulo VARCHAR(100),
    anio INT,
    id_genero INT,
    FOREIGN KEY (id_genero) REFERENCES generos(id)
);

CREATE TABLE usuarios (
    id INT PRIMARY KEY,
    nombre VARCHAR(100)
);

CREATE TABLE visualizaciones (
    id INT PRIMARY KEY,
    id_usuario INT,
    id_pelicula INT,
    fecha DATE,
    FOREIGN KEY (id_usuario) REFERENCES usuarios(id),
    FOREIGN KEY (id_pelicula) REFERENCES peliculas(id)
);

CREATE TABLE ratings (
    id INT PRIMARY KEY,
    id_usuario INT,
    id_pelicula INT,
    puntuacion INT CHECK (puntuacion BETWEEN 1 AND 5),
    FOREIGN KEY (id_usuario) REFERENCES usuarios(id),
    FOREIGN KEY (id_pelicula) REFERENCES peliculas(id)
);
```

Ahora inserta datos de prueba:

```
-- Géneros
INSERT INTO generos VALUES (1, 'Acción'),
(2, 'Drama'), (3, 'Comedia');

-- Películas
INSERT INTO peliculas VALUES
(1, 'Matrix', 1999, 1),
(2, 'El Padrino', 1972, 2),
(3, 'Forrest Gump', 1994, 2),
(4, 'Superbad', 2007, 3);

-- Usuarios
INSERT INTO usuarios VALUES (1, 'Ana'), (2, 'Luis'),
(3, 'Carlos');

-- Visualizaciones
INSERT INTO visualizaciones VALUES
(1, 1, 1, '2025-04-01'),
(2, 1, 3, '2025-04-02'),
(3, 2, 2, '2025-04-01'),
(4, 3, 4, '2025-04-03');

-- Ratings
INSERT INTO ratings VALUES
(1, 1, 1, 5),
(2, 1, 3, 4),
(3, 2, 2, 5),
(4, 3, 4, 3);
```

Ahora puedes construir consultas comunes como:

a. ¿Cuáles son las películas más vistas?

```
SELECT p.titulo, COUNT(*) AS vistas
FROM visualizaciones v
JOIN peliculas p ON v.id_pelicula = p.id
GROUP BY p.titulo
ORDER BY vistas DESC;
```

b. ¿Qué calificación promedio tiene cada película?

```
SELECT p.titulo, ROUND(AVG(r.puntuacion),
2) AS promedio_rating
FROM ratings r
JOIN peliculas p ON r.id_pelicula = p.id
GROUP BY p.titulo
ORDER BY promedio_rating DESC;
```

c. ¿Qué películas ha visto cada usuario?

```
SELECT u.nombre AS usuario, p.titulo AS pelicula,
v.fecha
FROM visualizaciones v
JOIN usuarios u ON v.id_usuario = u.id
JOIN peliculas p ON v.id_pelicula = p.id
ORDER BY u.nombre, v.fecha;
```

d. Recomendación simple: películas no vistas aún por el usuario "Ana"

```
SELECT titulo
FROM peliculas
WHERE id NOT IN (
    SELECT id_pelicula
    FROM visualizaciones
    WHERE id_usuario = 1
);
```

Este proyecto te ha permitido ver cómo una plataforma real como Netflix podría estructurar y consultar sus datos. Aunque es una versión simplificada, este sistema cubre aspectos clave como relaciones entre tablas, datos de usuario, estadísticas y personalización básica.

Este tipo de reto es ideal para practicar SQL en un contexto realista, entretenido y con propósito.

¿Listo para extender el sistema con recomendaciones avanzadas o historial por género? Este reto te lo dejo a tí.

12

Siguientes pasos

12.1 Herramientas

1. **pgAdmin:** Es la herramienta de administración y desarrollo más popular para PostgreSQL. Ofrece una interfaz gráfica que permite administrar bases de datos PostgreSQL de forma sencilla, ejecutar consultas SQL y analizar el rendimiento de la base de datos. https://www.pgadmin.org/

2. **DBeaver:** Un administrador de bases de datos universal y gratuito. Ofrece una interfaz de usuario gráfica para gestionar y manipular bases de datos y objetos, y soporta una amplia gama de bases de datos, incluyendo PostgreSQL, MySQL, SQL Server, entre otros. https://dbeaver.io/

3. **Grafana:** Aunque es conocida por su capacidad de visualización de datos, Grafana también permite ejecutar consultas SQL en bases de datos como MySQL, PostgreSQL y SQL Server. Es útil para crear paneles visuales interactivos basados en datos SQL. https://grafana.com/

4. **LeetCode SQL 50:** LeetCode ofrece una serie de problemas de SQL que permiten a los usuarios practicar y mejorar sus habilidades con consultas SQL, ideal para desafíos y entrevistas. Tiene 50 ejercicios enfocados en SQL para que puedas poner a prueba tus conocimientos. https://leetcode.com/problemset/database/

5. **RunSQL:** Una herramienta en línea que permite ejecutar consultas SQL de manera rápida sin necesidad de instalar nada. Es perfecta para practicar SQL en tiempo real con bases de datos como MySQL, PostgreSQL y SQLite. https://runsql.com/

12.2 Recursos

1. **SQL Standard (ISO/IEC 9075):** El estándar oficial de SQL, que define la sintaxis y las reglas para todas las implementaciones de SQL. Es la referencia principal para cualquier base de datos que utilice SQL https://www.iso.org/standard/63555.html

2. **Documentación de PostgreSQL:** La documentación oficial de PostgreSQL, que cubre todo lo relacionado con el uso de SQL en PostgreSQL, desde la sintaxis básica hasta características avanzadas como índices y optimización de consultas. https://www.postgresql.org/docs/

3. **SQL Server Documentation (Microsoft):** La documentación oficial de Microsoft para SQL Server, que cubre la sintaxis de T-SQL, funciones avanzadas, optimización de consultas y administración de bases de datos. https://learn.microsoft.com/en-us/sql/

4. **SQLShack:** Proporciona artículos técnicos detallados sobre SQL Server y otros temas relacionados con bases de datos, como optimización, scripting y mejores prácticas para desarrollar y administrar bases de datos. https://www.sqlshack.com/

5. **Database Design and Optimization (Vertabelo):** Vertabelo ofrece artículos y recursos sobre el diseño y la optimización de bases de datos, cubriendo aspectos de SQL y cómo mejorar la eficiencia en bases de datos complejas. https://vertabelo.com/blog/

12.3 ¿Qué viene después?

Después de aprender SQL, tienes una variedad de opciones para la próxima etapa de tu trayectoria educativa o profesional. Aquí están algunos de los siguientes pasos que puedes considerar:

1. **Aprender un lenguaje de programación:**
   Aprender un lenguaje de programación como Python, Java o R puede ser la próxima etapa natural. Con SQL, puedes consultar y manipular bases de datos. Sin embargo, con un lenguaje de programación, puedes hacer mucho más, incluyendo automatizar consultas, realizar análisis de datos más complejos y construir aplicaciones web o móviles.

2. **Aprender sobre los Sistemas Gestores de Bases de Datos (SGBD):**
   Existen varios sistemas de gestión de bases de datos, cada uno con sus propias particularidades y sintaxis SQL ligeramente diferentes. Algunos de los más comunes incluyen MySQL, PostgreSQL, SQLite y Microsoft SQL Server. Dominar uno o más de estos te hará más versátil y empleable.

3. **Conocimiento en Estructura de Datos y Algoritmos:**
   Además de poder trabajar con bases de datos, cabe destacar la importancia de entender las estructuras de datos y los algoritmos. Este conocimiento te permitirá codificar soluciones más eficientes y efectivas.

4. **Aprendizaje de herramientas de Big Data:**
   Si te interesa trabajar con grandes volúmenes de datos, es posible que desees aprender herramientas de Big Data como Hadoop o Spark. Estas herramientas se utilizan para almacenar, procesar y analizar grandes conjuntos de datos de forma eficiente.

5. **Conocer técnicas de Business Intelligence (BI) y Data Warehousing:**
   Al aprender SQL, te resultará bastante útil dominar las técnicas de BI

y Data Warehousing. Puedes aprender herramientas como Power BI, Tableau entre otras que te permitirán crear hermosos dashboards y reportes interactivos a partir de tus datos.

6. **Aprender Machine Learning y Data Science:**
   Finalmente, si estás interesado en análisis predictivo, inteligencia artificial o ciencia de datos, aprender sobre aprendizaje automático podría ser un buen siguiente paso. Esto podría implicar aprender más sobre estadísticas y probabilidad, así como lenguajes de programación o herramientas específicas (como Python, R o SAS).

   Recuerda, cada uno de estos próximos pasos va a depender de tus objetivos específicos. No necesitas aprender todo. Considera lo que más te entusiasma y en lo que te gustaría convertirte y toma tu decisión basándote en eso. ¡Buena suerte!

12.4 Preguntas de entrevista

1. ¿Qué es SQL?

- SQL significa "Structured Query Language" y se utiliza para comunicarse con una base de datos.

2. ¿Qué es una clave primaria?

- Una clave primaria es una columna, o un conjunto de columnas que tienen valores únicos. En una tabla, la clave primaria no puede tener valores nulos.

3. ¿Qué es una clave foránea?

- Una clave foránea es una columna que crea una relación entre dos tablas. El propósito de esta relación es garantizar que la información se encuentre siempre presente en ambas tablas.

4. ¿Cómo se eliminan duplicados en SQL?

- La cláusula DISTINCT se utiliza para eliminar duplicados de los resultados de una consulta.

5. ¿Qué es una consulta de unión?

- Una consulta de unión permite combinar filas de dos o más tablas en función de una columna relacionada entre ellas.

6. ¿Qué es SQL injection?

- La inyección SQL es un ataque en el que se inserta código malicioso en las consultas desde la entrada del cliente.

7. ¿Qué es la normalización?

- La normalización es el proceso de diseño de la base de datos de una manera que reduce la duplicación de datos.

8. ¿Qué es la denormalización?

- Es el proceso de intentar mejorar el rendimiento de una base de datos mediante la adición de datos redundantes o agrupados.

9. ¿Qué es un índice?

- Un índice es una estructura de datos que mejora la velocidad de las operaciones, permitiendo un acceso rápido a filas en una tabla.

10. Nombrar algunos lenguajes de programación comúnmente usados para escribir scripts de SQL.

- Algunos lenguajes de programación populares son PHP, Java, .NET, Python, etc.

11. ¿Cuál es la diferencia entre SQL y MySQL?

- SQL es un lenguaje para interactuar con bases de datos, MySQL es un sistema gestor de base de datos que utiliza SQL.

12. ¿Qué es un subquery?

- Un subquery es una consulta anidada dentro de otra.

13. ¿Qué es una vista en SQL?

- Una vista es una tabla virtual en SQL que se basa en el resultado de una consulta SQL.

14. ¿Qué es un procedimiento almacenado?

- Un procedimiento almacenado es un grupo de instrucciones SQL que realizan una tarea específica.

15. ¿Cuál es la diferencia entre TRUNCATE y DELETE?

- DELETE se utiliza para eliminar filas específicas de una tabla, TRUNCATE se utiliza para eliminar todas las filas de una tabla.

16. ¿Qué son los triggers en SQL?

- Los triggers son procedimientos almacenados especiales que se ejecutan automáticamente en respuesta a eventos en una base de datos.

17. ¿Cómo se realiza un respaldo de una base de datos SQL?

- Puedes utilizar el comando BACKUP DATABASE para crear un respaldo completo de la base de datos.

18. ¿Qué es un esquema?

- Un esquema es un contenedor de objetos de base de datos.

19. ¿Qué son las funciones de agregado en SQL?

- Las funciones de agregado realizan un cálculo en un conjunto de valores y devuelven un solo valor. Las funciones de agregado comunes incluyen COUNT(), SUM(), AVG(), MAX(), MIN().

20. ¿Qué es un cursor en SQL?

- Un cursor es una estructura de control utilizada para recorrer registros en una base de datos.

www.ingramcontent.com/pod-product-compliance
Lightning Source LLC
LaVergne TN
LVHW010808051026
849532LV00007B/2475